KB266200

클래식
왜 안 좋아하세요?

이 책에서 소개된 클래식 음악 중 일부를 추천하여 플레이리스트로 제공하고 있습니다. 각 파트의 도입부에 제시된 QR 코드를 스캔하여 음악을 감상하면서 책을 읽어 보세요.

CLASSICAL MUSIC

클래식
✦ 왜 안 좋아하세요? ✦

아는 만큼 들리는 나의 첫 클래식 수업

권태영(탱로그) 지음

빅피시
BIG FISH

엄격, 근엄, 진지한 클래식에서
벗어나는 법

"예술이란 고독 속에서 혼자만의 기쁨을 누리는 것이 아닙니다. 오히려 예술은 사람들의 기쁨과 고통을 담아내는 도구이며, 더 많은 사람과 연결해주는 매개체입니다."

_알베르 카뮈, 노벨문학상 수상 소감 중에서

'클래식'이란 단어를 표준국어대사전에서 찾아보면 "서양의 전통적 작곡 기법이나 연주법에 의한 음악"이라고 정의돼 있습니다. 즉, 서양에서 과거부터 발전되어 온 음악, 쉬운 말로 하면 그저 서양에서 옛날부터 작곡되어 온 음악을 말합니다.

과거에 작곡된 클래식이 지금까지 연주되는 이유는 오늘날 우리에게도 통하는 아름다운 메시지가 담겨 있기 때문일 것입니다. 역사를 공부하면서 특정 인물이나 사건에 담긴 지혜와 가치를 배울 수 있듯, 클래식과 관련된 배경지식과 이야기를 알면 우리는 음악을 더욱 깊이 이해하며 감상할 수 있습니다.

유튜브 채널 '탱로그'를 통해 클래식 음악의 위대함과 아름다움을 전한 지 1년 정도 지났습니다. 그동안 클래식 음악을 잘 몰랐는데 제

설명을 듣고 더 알고 싶어졌다는 반응을 볼 때마다 뿌듯했습니다. 이처럼 어렵게만 느끼는 음악을 쉽게 소개한다면 클래식에 입문하는 사람이 더 많아질 거라는 생각도 하게 되었습니다.

물론 아직도 서양 음악인 클래식을 엘리트주의적 관점에서 보는 경향이 있다는 걸 느낍니다. 서양 악기를 배우기 위해 적지 않게 드는 시간과 돈, 감상을 위한 문화적 자본을 고려하면 그러한 시선이 이해되지 않는 것은 아닙니다. 하지만 이제는 언제 어디서나 음악을 감상할 수 있고, 과거와 달리 소수의 특권층을 위한 음악도 아닙니다. 누구나 가벼운 마음으로 음악에 담긴 재미있는 이야기를 궁금해만 한다면, 아름다운 음악으로 인해 우리의 삶이 조금은 더 풍요로워질 수 있다고 생각합니다.

저는 음악교육가이자 클래식 음악을 사랑하는 아마추어 음악 애호가입니다. 그렇기에 전공자가 아닌 시선에서 어떻게 음악과 친해질 수 있을지를 자주 고민하곤 합니다. 이 책은 그러한 고민 끝에 나온 결과물입니다.

한 음악 애호가가 어떤 악곡을 왜 좋아하게 됐는지, 그리고 그 음악을 더 깊이 즐길 수 있게 도와준 뒷이야기와 역사적 배경이 무엇인지 담았습니다. 그리고 사실을 확인하기 위해 문헌을 탐구하는 과정에서 새롭게 알게 된 흥미로운 지식도 정리했습니다. 더불어 작곡가가 추상적인 음악에 어떻게 자기만의 의도, 철학, 사상, 언어 등을 담아냈는지에 대한 이야기도 들어 있죠. 음악 자체만을 감상하며 즐길 수도 있지만, 알고 들으면 저처럼 색다른 재미도 느낄 수 있을 겁니다.

이 책은 클래식에 이제 막 관심이 생긴 독자, 그리고 원래 클래식에 관심이 있던 독자 모두를 위해 집필했습니다. 엄격하고, 근엄하고, 진지하게만 느꼈던 클래식에서 벗어나 좀 더 가볍고, 유쾌한 마음으로 접할 수 있다면 좋겠습니다.

그러니 제가 추천하는 작곡가와 음악, 그리고 그 안에 숨겨진 이야기가 '클래식이라는 세계'에 초청하는 초대장이 되기를 기대합니다. 클래식은 모두를 위한 음악이니까요.

이 노래가 이거였다고?
본격 클래식 입문

Part 1

알고 들으면 더 재미있는
클래식 비하인드

Part 2

Part 3

시대와 함께한 음악의 결정적 순간들

Part 4

취향과 감성에 따라 골라 듣는 클래식 리스트

클래식 연표

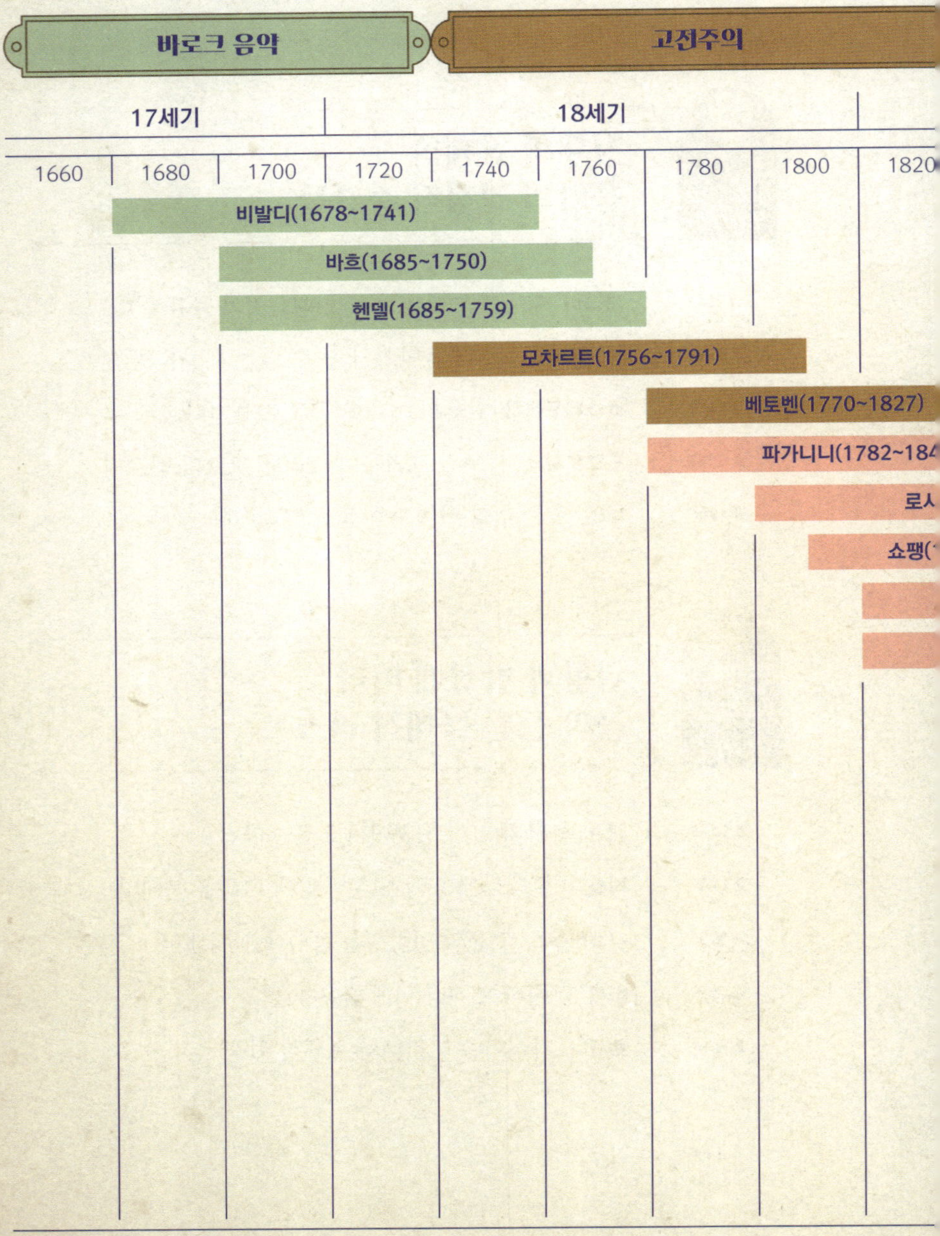

바로크 음악
고전주의

17세기
18세기

1660
1680
1700
1720
1740
1760
1780
1800
1820

비발디(1678~1741)
바흐(1685~1750)
헨델(1685~1759)
모차르트(1756~1791)
베토벤(1770~1827)
파가니니(1782~184
로시
쇼팽(1

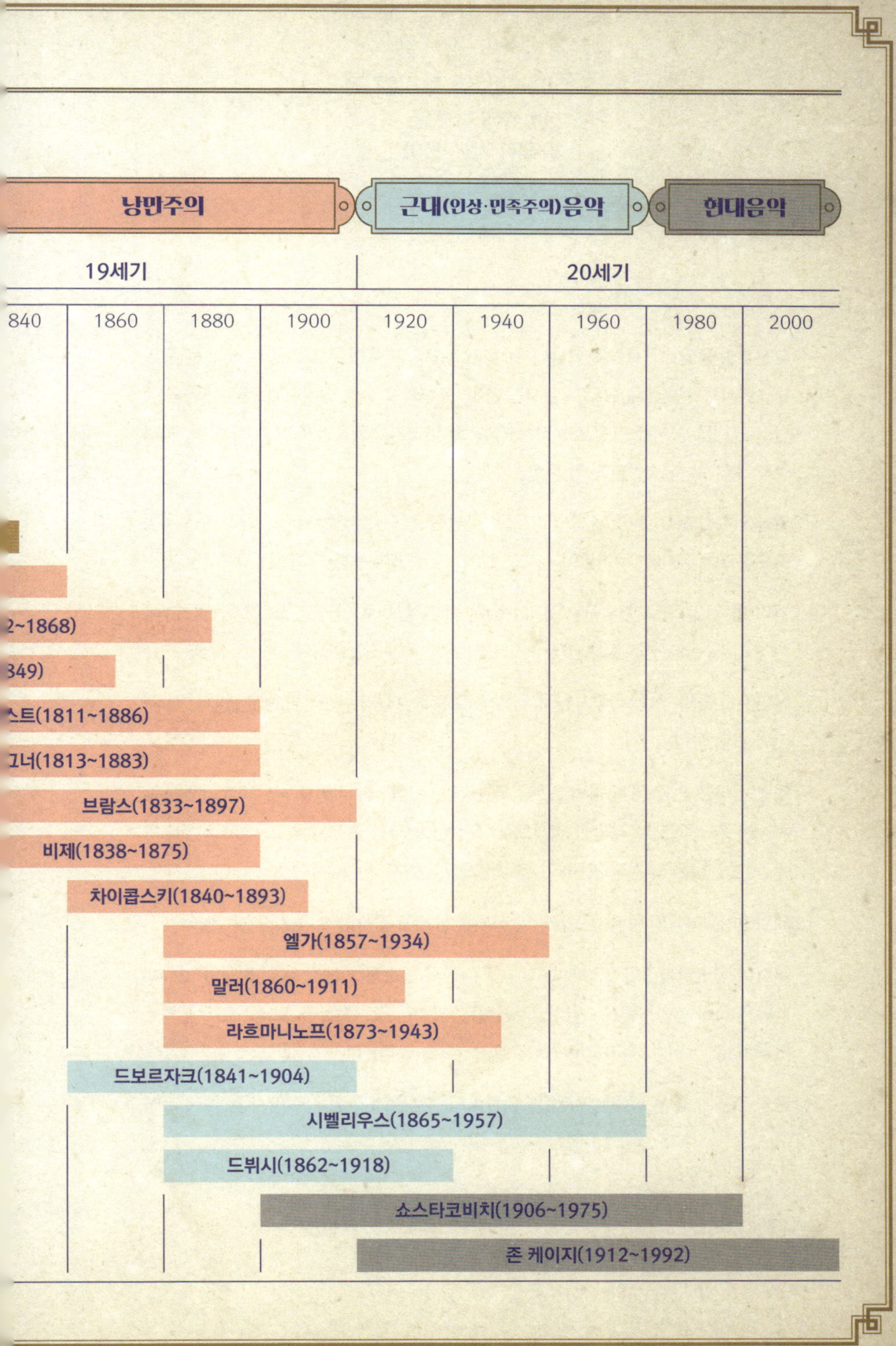

낭만주의
근대(인상·민족주의)음악
현대음악
19세기
20세기
840
1860
1880
1900
1920
1940
1960
1980
2000
2~1868)
349)
스트(1811~1886)
그너(1813~1883)
브람스(1833~1897)
비제(1838~1875)
차이콥스키(1840~1893)
엘가(1857~1934)
말러(1860~1911)
라흐마니노프(1873~1943)
드보르자크(1841~1904)
시벨리우스(1865~1957)
드뷔시(1862~1918)
쇼스타코비치(1906~1975)
존 케이지(1912~1992)

이 책에 나오는
클래식 기본 용어

- **고전주의 음악** 18세기 중엽부터 19세기 초엽까지 하이든, 모차르트, 베토벤 등이 오스트리아 빈을 중심으로 발달시킨 음악. 균형과 조화의 형식미와 인간 내면의 객관적 표현을 중시했으며, 소나타 형식을 확립하고 유동적인 화성법, 교향곡, 실내악곡, 협주곡 등의 발달에 기여했다.

- **교향곡(㊀심포니)** 관현악기와 타악기로 구성된 오케스트라를 위한 기악곡. 보통 4악장으로 이루어지며, 하이든이 시작해 모차르트와 베토벤에 의해 확립됐다.

- **기악 음악** 악기로 연주되는 음악. 독주, 중주, 합주로 나뉜다. 또 합주는 관현악, 현악 합주, 관악 합주로 나뉜다.

- **낭만주의 음악** 서양 음악사에서, 낭만의 표출과 심정의 주관적 표현을 중시한 19세기의 유럽 음악.

- **녹턴(㊀야상곡)** 조용한 밤의 분위기를 나타낸 서정적인 피아노 곡. 19세기 초엽에 존 필드가 처음으로 작곡한 형식으로, 특정한 박자와 형식은 없고 세도막 형식 또는 론도 형식을 따른다. 쇼팽의 19곡이 가장 유명하다.

- **대위법** 둘 이상의 독립된 선율이나 성부를 동시에 결합하여 곡을 만드는 방식.

- **러시아 국민악파 5인조** 러시아의 종교 특성과 민족성을 듬뿍 담은 러시아 고유의 음악을 정립한 인물들로, 밀리 발라키레프, 알렉산드르 보로딘, 모데스트 무소륵스키, 체자르 큐이, 니콜라이 림스키코르샤코프를 일컫는다.

- **론도** 주제가 같은 상태로 여러 번 되풀이되는 동안에 다른 가락이 여러 가지로 삽

입되는 형식의 기악곡.

- **모음곡** 몇 개의 소곡 또는 악장을 조합하여 하나의 곡으로 구성한 복합 형식의 기악곡. 17~18세기에 성했던 고전 모음곡과 19세기 이후에 발전했던 관현악용, 피아노용 모음곡 등의 근대 모음곡으로 나눈다.

- **민속음악** 민간에서 전해 내려오는 음악. 그 지방의 고유한 역사, 민속, 생활, 감정을 담고 있는 음악으로, 서민의 소박한 정서를 솔직히 표현한다.

- **바로크 음악** 16세기 말부터 18세기 중엽에 걸쳐 유럽에서 유행한 음악 양식. 낮은 음을 기초로 단음악(화성이나 대위법적인 요소가 없이 하나의 성부로만 이루어진 음악)과 일정한 박자가 주기적으로 반복되는 박절적 리듬, 기악의 우위성을 확립하여 근대 음악의 기초가 되었고, 특히 오페라, 칸타타, 소나타, 협주곡, 오르간 음악 등이 발달했다.

- **변주곡** 하나의 선율이나 주제를 바탕으로 음색, 빠르기, 화성을 변형하여 여러 버전을 만들어 모은 곡.

- **부점 리듬** 음의 길이를 늘려 연주함으로써 생동감, 긴장감을 자아내는 리듬.

- **불협 화음** 둘 이상의 음이 동시에 날 때, 서로 어울리지 않아 불안정한 느낌을 주는 음.

- **셈여림** 음의 셈과 여림의 정도.

- **소나타** 16세기 중기 바로크 초기 이후에 발달한 악곡의 형식. 기악을 위한 독주곡 또는 실내악으로 순수 예술적 감상 내지는 오락을 목적으로 하며, 비교적 대규모 구성인 몇 개의 악장으로 이루어진다.

- **수상 음악** 헨델이 작곡한 모음곡. 1717년 헨델이 궁정 악장으로 있을 때에 지은 곡으로, 영국의 조지 1세를 위하여 템스강의 뱃놀이 때에 처음 연주했다.

- **스케르초** 농담, 해학이라는 어원에서 나온 형식으로, 베토벤이 미뉴에트 대신 소나타, 교향곡 등의 제3악장에 채용한 3박자의 쾌활한 곡. 보통은 스케르초-트리

오-스케르초의 겹세도막 형식이다. 이후 쇼팽과 브람스의 피아노 곡, 어두운 성격의 스케르초와 서정적인 트리오가 되었다.

- **아리아** 오페라, 오라토리오 등에서 기악 반주가 있는 서정적인 가락의 독창곡.

- **에튀드(⑪연습곡)** 기악 또는 성악에서, 기교의 연습을 위해 만든 곡. 쇼팽이나 리스트의 작품과 같이 독특한 형식을 써서 예술적으로 작곡한 연주회용인 것도 있다.

- **오케스트라** 관현악을 연주하는 단체.

- **오라토리오** 16세기 무렵에 로마에서 시작한 종교 음악. 성경의 장면을 음악과 함께 연출한 교회극에서 발달해 오페라의 요소를 가미한 영창, 중창, 합창, 관현악으로 연주한다.

- **오페라(⑪악극, 가극)** 음악을 중심으로 한 종합 무대 예술. 대사는 독창, 중창, 합창 따위로 부르며, 서곡이나 간주곡 따위의 기악곡도 덧붙인다.

- **왈츠** 남녀가 원을 그리며 추는 경쾌한 3박자 춤곡.

- **조성 음악** 기준이 되는 음(으뜸음)으로 두고, 멜로디와 화성들이 일정한 관계를 맺도록 작곡된 곡. 정형화된 틀과 구조가 있기에 방향성을 지니고 있다.

- **지판** 현악기의 목에 있어 줄을 손가락으로 눌러서 소리를 고르게 하는 좁다란 판.

- **초연** 무용이나 연극, 음악 등을 첫 번째로 공연하는 것 또는 그 공연.

- **카덴차** 반주 없이 독주자가 기교적인 연주를 하는 부분.

- **카스트라토** 여성의 음역을 가진 남성 가수. 중세까지 교회에서 여성을 섭외할 수 없었기 때문에 특히 소년 시절에 거세하여 변성되지 않게 하는 방법을 썼다. 여성보다 호흡이 길고 성량도 풍부하여 성역(聲域)이 넓은 것이 특징이다.

- **칸타타** 17세기에서 18세기까지 바로크 시대에 발전한 성악곡의 한 형식. 독창, 중창, 합창과 기악 반주로 이루어지며, 이야기를 구성하는 가사의 내용에 따라 세속 칸타타와 교회 칸타타로 나눈다.

- **클라비코드** 연습용으로 사용된 직사각형의 건반악기.

- **트릴** 두 음을 빠르게 반복하는 꾸밈 음.

- **폴로네즈** 삼박자의 폴란드 전통 민속춤곡의 리듬을 바탕으로 작곡된 음악.

- **표제 음악** 특정 주제나 제목이 있는 음악.

- **푸가** 음악 하나의 성부(聲部)가 주제를 나타내면 다른 성부가 그것을 모방하면서 대위법에 따라 좇아가는 악곡 형식.

- **하프시코드** 피아노의 전신으로, 현을 뜯어서 소리 내는 건반악기.

- **현대음악** 제1차 세계대전 이후부터 오늘날까지 세계적으로 형성된 음악. 넓은 뜻으로는 드뷔시 이후인 20세기의 음악 전체를 이른다.

- **협주곡(㊜콘체르토)** 독주 악기와 관현악이 합주하면서 독주 악기의 기교를 충분히 발휘하도록 작곡한 소나타 형식의 악곡.

- **협화음** 둘 이상의 음이 같이 울릴 때, 잘 어울려서 듣기 좋은 음. 어울림 정도에 따라 완전 어울림음과 불완전 어울림음으로 나뉜다.

- **화성(和聲)** 일정한 법칙에 따른 화음의 연결.

- **BWV(Bach Werke Verzeichnis) 번호** 1950년 볼프강 슈미더가 붙인 바흐의 작품 번호. 장르별 분류이고, 칸타타 1번부터 시작하며 현재는 BWV 1126이 마지막이다.

- **HWV(Händel-Werke-Verzeichnis) 번호** 헨델 작품 번호를 뜻한다.

- **Op.(Opus Number) 번호** 작품이 출판된 순서대로 정리한 번호를 뜻한다.

- **RV(Ryom -Verzeichnis 또는 Ryom Verzeichnis) 번호** 비발디 작품 번호를 뜻한다.

클래식을 감상하는
세 가지 방법

이 책에서는 오랜 시간 사랑받아온 작곡가들의 여러 곡을 소개하고, 그 속에 얽힌 다양한 이야기들을 설명합니다. 그러면 이 책에 소개하는 곡을 어떻게 감상하면 좋을까요? 사실 정해진 방법은 없습니다. 사람마다 음악적 경험과 선호도가 다르기 때문이지요.

하지만 클래식 음악에 내재된 깊은 감정에 공감하기 위해 감상을 위한 최소한의 방향성이 필요합니다. 이에 대해 개인적인 경험을 바탕으로 쉽게 따라 할 수 있는 클래식 감상법을 소개합니다.

◆ 나만의 맥락 만들기

독일 퓌센을 여행할 때 우연히 반복하며 들은 곡이 있습니다. 막스 브루흐의 〈스코티시 판타지〉라는 곡입니다. 스코틀랜드의 민족적 요소가 가미된 곡이지만, 저는 이 곡을 들으면 자연스럽게 퓌센의 풍경과 분위기가 떠오릅니다. 스스로 음악을 제 경험적 맥락과 연결했기 때문입니다.

그런데 웬걸, 최근에 이 곡과 관련된 재미있는 사실을 알게 되었어요. 독일 출신 작곡가 브루흐는 아들에게 쓴 편지에서, 다른 나라를 여행할 때 독일 고향 마을과 자연에 대한 그리움이 음악적 영감이 되었다고 언급했답니다. 제가 경험한 독일의 자연환경이 곡의 아름다운 분위기와 맞아떨어진 이유가 이것이었을까요? 여러 관점에서 맥락을 연결하니 같은 음악도 다르게 들리는 재미가 있었답니다.

클래식 음악의 묘미는 추상적이라는 것입니다. 가사가 있는 가요를 들을 때는, 가사의 내용에 치중해 음악을 이해하고 해석합니다. 하지만 보통 클래식 음악은 그 안에 담긴 의미와 뜻이 100퍼센트 확실하게 전달되기 어렵죠. 이런 추상적인 특징은 폭넓은 상상의 나래를 펼치거나 나만의 맥락으로 감상할 수 있도록 돕습니다.

물론 다른 일거리를 하며 배경음악처럼 클래식을 듣는 것도 좋은 감상 방법입니다. 하지만 저는 눈을 감고 짧은 클래식 곡을 들으며 머릿속에 여러 장면들을 떠올리기를 추천하고 싶습니다. 그 이후, 음악의 숨은 이야기를 알게 되면 역사적 맥락과 함께 음악을 떠올리는 묘미를 느낄 수 있을 테니까요.

◆ 전체가 아닌 부분으로 감상하기

클래식이 낯선 사람에게 1시간 30분 길이의 말러의 〈교향곡 2번〉을 추천하면 어떤 일이 벌어질까요? 무자비한 곡의 길이에 압도되어 집중하지 못하고 마치 음악이 숙제처럼 느껴질 것입니다.

클래식 음악을 처음 접해본다면 유명하고 친숙하거나, 개인적으로 쾌감을 주는 짧은 부분만 골라서 우선 감상하기를 추천합니다. 특정 부분이 익숙해지면 그때부터 점차 감상의 범위를 넓혀가는 것이죠.

저는 개인적으로 SNS의 클래식 채널에 올라오는 릴스를 통해 다양한 클래식 음악을 짧게 감상하곤 합니다. 그때 마음을 사로잡은 곡이 있으면 그 부분을 찾아서 반복적으로 듣고, 친숙해지면 해당 악장 전체를 감상합니다. 여러분도 각자의 방법으로 영감을 주는 부분을 찾아가길 바랍니다.

◆ 예상하며 감상하기

음악이 지루하다고 느껴진다면 예상대로만 흘러갔기 때문일 것입니다. 클래식 음악은 어떨까요? 지금까지도 기억되는 수많은 클래식 작곡가라면 음악이 지루하게 느껴지지 않도록 다양한 시도를 해왔을 것입니다.

대표적인 예로 하이든의 〈놀람 교향곡〉 2악장을 들 수 있습니다. 음악의 첫 40초 정도는 여리고 간단한 멜로디가 연주됩니다. 만약 이 곡에서 계속 여리고 간단한 멜로디만 흘러나온다면 감상하는 사람들은 쉽게 지루함을 느끼겠죠. 하지만 이를 고려한 하이든은 한 가지 재미있는 시도를 했습니다. 조용히 연주하다가 갑자기 한 음을 아주 강하고 크게 연주한 것이죠! 사람들은 예상치 못한 음악적 흐름으로부터 재미와 쾌감을 느끼게 됩니다.

잘 알려진 클래식 곡들을 보면 이러한 예상치 못한 흐름을 넣은 요소를 많이 발견할 수 있습니다. 곡의 셈여림뿐만 아니라 화성 진행, 악기의 음색, 리듬 등을 활용해 예측 오류를 통한 쾌감을 느끼도록 이끄는 것이죠.

그러므로 클래식 음악을 감상할 때는 이어 나올 음악을 예상하며 감상해보세요.

'다음에는 어떤 분위기가 형성될까?' '어떤 장면이 떠오르게 될까?' '어떤 새로운 멜로디가 펼쳐질까?' '계속 혼자 연주하거나 노래를 부를까?' '음의 높낮이는 어떻게 변화할까?'… 이렇게 다양한 측면에서 음악을 예상해 보는 겁니다. 이 방법은 클래식 음악을 많이 감상할수록 유용하게 사용할 수 있습니다. 머릿속에 음악이 어떻게 흘러갔는지에 대한 경험이 쌓여 있기 때문이지요.

앞으로 나올 음악들을 제가 소개한 세 가지 방법 혹은 자신만의 방법으로 즐기면서 클래식과 더욱 친해질 기회를 만들길 바랍니다.

Part 1

이 노래가 이거였다고?
본격 클래식 입문

'이거 어디서 들어본 클래식인데… 제목이 뭐더라?'
조성진, 임윤찬 피아니스트의 콩쿠르 우승, 그리고 K-POP 등에 클래식
이 사용되면서 클래식 음악에 대한 대중의 관심이 높아졌습니다. 그런데
모차르트, 베토벤, 바흐 등 클래식 음악을 대표하는 작곡가들은 오히려
너무 유명해서 지루하게 느껴지기도 하죠. 그래도 클래식을 이해하려면
그들이 왜 오늘날까지 높은 평가를 받는지부터 알아야 해요.
Part 1에서는 클래식 음악에 본격적으로 입문하기 위해 반드시 알아야
할 대표 작곡가와 그의 음악들에 관해 소개합니다.

음악에 생각과 감정을
담아내기까지

루트비히 판 베토벤
1770~1827년

국적　독일
사조　고전주의→낭만주의
대표곡　〈교향곡 3번〉, 〈교향곡 9번〉
　　　　4악장, 〈피아노 소나타 8번〉
　　　　2악장

+ 베토벤은 프랑스대혁명으로 인해 계몽사상이 유럽에 퍼져 나가던 시기에 태어나 활동한 음악가입니다. 계몽사상은 베토벤의 음악 창작에도 영향을 주면서 그가 고전주의에서 낭만주의로 나아가도록 이끌었죠.

+ 낭만이란 '현실에 매이지 않고 감상적이고 이상적으로 사물을 대하는 태도, 심리 또는 분위기'를 일컫는 말입니다. 베토벤은 음악을 통해 현실에서 벗어나 자신이 꿈꾸고 상상하는 이상 세계를 표현하고자 했습니다.

+ 〈교향곡 9번〉의 마지막 악장에는 파격적으로 합창을 넣어 베토벤이 갈망한 '낭만'을 있는 힘껏 표현했습니다. 음악가에게는 치명적일 수밖에 없는 청력 상실을 극복하고 비로소 음악사에서 빠질 수 없는 위대한 작곡가로 남을 수 있었죠.

청소차가 후진할 때 흘러나오는 〈엘리제를 위하여〉, "빰빰빰 빰~" 한 구절만 들어도 베토벤의 얼굴이 떠오르는 〈교향곡 5번〉 1악장, '펌프(Pump It Up)'라는 게임에 사용되면서 〈베토벤 바이러스〉로 알려진 〈피아노 소나타 8번〉 3악장 그리고 환희의 송가가 담긴 〈교향곡 9번〉 4악장 등은 누구나 한 번쯤은 들어봤을 법한 루트비히 판 베토벤의 대표적인 곡들입니다.

베토벤은 전 세계적으로 알려진 수많은 명곡을 작곡했을 뿐 아니라 서양 음악사에서 시대의 변화를 주도한 중요한 역할을 했습니다. 왜냐하면 그는 고전과 낭만을 잇는 징검다리의 역할을 한 작곡가였기 때문입니다. 그래서 베토벤의 초기 작품들은 고전주의 양식을, 그리고 후기로 갈수록 낭만주의의 양식을 보이죠. 그렇다면 고전주의와 낭만주의 음악의 차이는 무엇일까요?

고전주의란, 1750년경 바로크 시대를 대표한 바흐의 죽음 이후에 시작된 사조입니다. 고전주의 음악은 이전 시대에 유행했던 복잡한 형태의 바로크 양식을 단순화하여, 대중들이 더욱 쉽게 다가갈 수 있도록 만들어졌습니다. 그리고 음악 자체의 아름다움을 전달하기 위한 모범적 구조와 균형을 매우 중요하게 여겼죠. 이 시기를 대표하는 음악가가 모차르트와 하이든입니다. 이 두 작곡가는 잠깐이었지만 베토벤을 가르쳤던 스승이기도 하죠.

그럼 낭만주의란 무엇일까요? 여기서 잠깐, 일단 '낭만'의 의미부터 살펴볼까요? 국립국어원 표준국어대사전에 따르면 낭만이란 '현실에 매이지 않고 감상적이고 이상적으로 사물을 대하는 태도, 심리 또는 분위기'를 의미한다고 합니다. 즉, 현실을 벗어나 새로운 상상과 형식을 자유롭게 펼치는 사조라고 해석할 수 있겠죠.

이를 바탕으로 베토벤의 음악을 해석해보면, 초기에 베토벤은 고전주의 사조를 따라가다가 후기로 갈수록 고전적 형식을 무너트리고 격동적인 감정이나 내적 고뇌 등을 새로운 형태로 자유롭게 표현해나갔다고 볼 수 있습니다. 베토벤은 어떤 삶을 살았기에 점차 낭만주의 성격의 곡을 작곡하게 됐을까요?

음악에 낭만을
불어넣기 시작하다

베토벤이 새롭고 이상적인 음악 세계를 펼쳐나가게 된 것은 당시 그가 겪은 유럽 사회의 변화와 관련이 깊습니다. 베토벤은 아버지의 뜻에 따라 10살 때 학교를 그만두었지만, 배움에 대한 열망이 강했습니다. 그래서 여러 예술가와 학자들과 교류하며, 다양한 분야의 학문적 교양을 스스로 쌓았죠.

정치와 사회에도 큰 관심을 보였습니다. 당시 유럽은 계몽사상과 프랑스대혁명으로 인해 격동하고 있었습니다. 계몽이란 '깨우침'과 같은 의미로, 무지했던 시민들이 사회가 근대화되면서 등장한 철학자들에 의해 불공평한 사회구조의 불합리함을 깨우치기 시작했죠. 그리고 시민들은 자신들의 배를 불리기에만 급급한 프랑스의 왕과 귀족들에게 쏠린 권력에 관해 분노하며 동등한 권리를 주장했습니다. 이에 왕과 귀족들은 어떻게 대처했을까요? 순순히 권력을 나누어줄 리가 없었죠. 즉시 군인들을 동원하여 이들의 주장을 잠재우고자 했습니다.

이에 시민들의 분노는 폭발합니다. 혁명이 시작됐고, 프랑스 곳곳에서는 시민들이 들고 일어나 평등한 사회를 위해 투쟁을 벌였습니다. 그 과정에서 개인의 권리를 존중하자는 혁명 정신이 많은 사람에게 영향을 주었죠. 결국 프랑스 왕이었던 루이 16세와 왕비 마리 앙투아네트가 처형됐고, 프랑스는 국민 투표로 선출된 사람이 통치하는 '공화정'을 실시하게 되었습니다.

베토벤은 유럽에 퍼져나간 계몽주의 사상을 온몸으로 흡수했습니다. 예술가로서 귀족들에게 굽히지 않는 절개와 음악을 신성하게 여기는 마음, 모든 사람이 평등하다는 신념 등을 다져나갔죠. 그리고 이 태도와 사상을 음악에 오롯이 녹여내고자 했습니다. 이와 관련된

장피에르 루이 로랑 위엘이 그린 프랑스대혁명 당시 《바스티유 습격》

재미있는 일화가 하나 있죠.

베토벤의 〈교향곡 1번〉과 〈교향곡 2번〉에서는 고전주의 음악의 성격이 드러납니다. 하지만 〈교향곡 3번〉부터 규모도 커지고 독창적인 시도를 하기 시작했죠. 〈교향곡 1번〉과 〈교향곡 2번〉의 연주 시간이 30~35분 정도인 데 반해 〈교향곡 3번〉은 50분 정도인 것을 보면 그 규모도 짐작할 수 있고요.

〈교향곡 3번〉을 쓰기 시작할 당시에 베토벤의 인생에는 많은 어려움이 닥쳤습니다. 첫 번째로 베토벤의 청력에 이상이 생겼습니다. 음악가로서 귀가 안 들리기 시작한다는 정신적 스트레스는 그로 하여금 유서까지 작성하게 할 정도였어요.

두 번째는 전 프랑스 황제 나폴레옹 보나파르트와 관련이 있는데, 사실 〈교향곡 3번〉을 작곡한 게 바로 나폴레옹 때문이었습니다. 프랑스 국민이 루이 16세를 처형하고 공화정을 실시한 시기, 아직 주변 유럽 국가들은 왕정 국가였기에 프랑스에 대한 반감이 컸어요. 그래서 여러 유럽 국가들이 동맹을 맺어 프랑스를 공격해왔죠. 이때 혜성처럼 등장한 장군이 바로 나폴레옹입니다. 전쟁으로 이들을 굴복시켜 나간 것이죠. 베토벤은 프랑스를 지킨, 그리고 계몽주의를 설파한 나폴레옹에 대한 경의를 표하기 위해 〈교향곡 3번〉을 작곡했다고 언급해왔어요.

그런데 나폴레옹이 1804년 프랑스 황제로 즉위했다는 소식을 듣자 베토벤은 〈교향곡 3번〉의 앞표지를 찢어버린 후, 곡의 제목을 〈영웅, 한 위대한 인물을 추념하기 위해〉라고 수정했답니다. 모든 사람의 평등을 위해 군사적 조치를 취한 줄 알았건만, 결국 나폴레옹 개인의 권력을 다져나가는 모습에 배신감을 느낀 것입니다. 베토벤에게 '영웅'이란 아마도 모든 사람이 평등한 세상을 만들어 나갈 상상의 인물이었을 것입니다.

〈교향곡 3번〉 1악장에서는 영웅적인 위풍당당함과 전쟁의 긴장감이 드러납니다. 2악장은 아주 느린 장송 행진곡으로, 죽은 영웅들을 신격화하면서 쓸쓸한 영웅의 뒷모습을 바라보는 듯한 느낌을 자아내죠.

베토벤은 〈교향곡 3번〉의 작업을 마무리할 때쯤 〈교향곡 5번〉의 작업을 시작했다고 합니다. 〈교향곡 3번〉이 무려 5년 정도의 세월을 들여 완성한 곡이라는 의미이죠. 그래서인지 이후에 만들어진 〈교향곡 5번〉은 형식미의 최고봉이라는 과찬을 받으며 탄탄한 구성을 자

'보나파르트'라는 타이틀이 지워진 채 남아 있는 〈교향곡 3번〉의 악보 표지

랑합니다. 이 곡은 전 세계적으로 가장 많이 알려진 교향곡 중 하나로, 우리에게는 〈운명 교향곡〉으로도 잘 알려져 있습니다.

베토벤은 시작 부분에 관해 "운명은 문을 이렇게 두드린다"라는 설명을 덧붙였어요. 〈교향곡 5번〉 1악장에서는 고통에 몸부림치는 듯한 어두운 분위기가 압도한다면, 4악장으로 진행될수록 점차 희망과 승리의 빛으로 나아가는 구성을 발견할 수 있습니다. 이 또한 베토벤이 현실에서 벗어나 이상 세계로 나아가는 그만의 '낭만'을 그려낸 것이라 볼 수 있을 겁니다.

귀가 아닌 마음으로 음악을 들으며 만든 곡들

베토벤은 음악가에게 치명적인 청각장애를 가졌음에도 불구하고 엄청난 창작 욕구를 기반으로 수많은 대곡을 완성해갔습니다. 귀가 들리지 않는데 어떻게 작곡할 수 있었을까요? 바로 내청(Inner hearing) 능력에 의존했기 때문에 가능했다고 합니다. 내청 능력이란 마음속으로 소리를 듣는 능력을 말합니다. 입 밖으로 직접 소리를 내는 것이 아닌 속으로 간단한 멜로디를 불러보는 것이죠. 소리가 들리지 않아도 우리는 상상 속에서 무수히 많은 음색, 멜로디, 화성 등을 떠올릴 수 있습니다. 베토벤은 음악적 체계와 틀에 맞추어 '상상'함으로

써 작곡 활동을 이어간 것이죠.

　말년에 완전히 청각을 잃은 베토벤의 작품 창작 개수는 확연히 줄었지만, 완성도 높은 곡을 작곡했습니다. 그중 대표적인 곡이 바로 〈교향곡 9번〉이에요. 교향곡에 최초로 '합창'을 넣으며 음악사에 한 획을 긋는 대곡을 창작했는데, 합창과 성악이 들어간 4악장은 연주 시간만 약 26분에 달합니다.

　베토벤은 환희가 가득한 〈교향곡 9번〉이 울려 퍼지게 함으로써 인류애와 신의 위대함을 드러내고자 했어요. 여기서도 모든 인간이 하나가 되길 갈망한 베토벤만의 낭만을 느낄 수 있습니다.

이 세상의 모든 존재는

태초의 환희를 가슴에 담고

모든 선한 사람이나 악한 사람이나

장미의 자취를 따른다.

환희는 우리에게 입맞춤과 포도주

그리고 죽음조차 빼앗아 갈 수 없는 친구를 주고

한낱 벌레에게도 쾌락을 주었던

빛의 천사는 하나님 앞에 선다.

_〈교향곡 9번〉 '환희의 송가' 가사 중에서

피아노 소나타로 만나는 베토벤의 낭만 여정

베토벤은 1782년부터 1822년까지 약 40년 동안 32개의 피아노 소나타를 작곡했다고 알려져 있습니다. 시간의 흐름에 따라 베토벤이 점차 고전주의에서 낭만주의로 나아가는 과정이 면밀하게 드러나죠. 따라서 몇몇 학자들은 이 32개의 피아노 소나타를 시기와 흐름에 따라 초기, 중기, 후기로 분류하곤 합니다.

초기 소나타는 모차르트와 하이든의 곡처럼 고전주의적 특성이 많이 보입니다. 그럼에도 통상적으로 세 개 악장으로 구성하던 소나타를 네 개의 악장으로 구성하는 등 형식과 틀을 깨고자 했습니다. 그 후 앞서 언급했던 사회·정치적 상황이 베토벤의 계몽사상을 일깨우면서 피아노 소나타도 점차 형식과 틀에서 벗어나, 중기 소나타부터는 그의 짙은 감정이 드러납니다. 그리고 후기 소나타에서는 기존의 '빠르게-느리게-빠르게'와 같은 소나타의 형식에서 벗어나 좀 더 자유롭게 표현합니다. 베토벤이 그만의 이상 세계, 즉 낭만을 표현하기 위해 형식에 얽매이지 않고 자신의 철학과 사상을 음악에 녹여낸 것입니다.

그래서 연주자들은 베토벤의 음악을 연주할 때 "해석하기 어렵다"라는 말을 하곤 합니다. 음악을 해석해서 연주한다는 것은, 베토벤의 생애와 곡에 담긴 복잡한 감정과 의도뿐만 아니라 음악의 구조적인 논리 등을 소리에 담아내는 일련의 과정입니다. 악곡을 둘러싼 역사 배경, 악보에 표기된 베토벤의 지시사항들 그리고 연주자 개인의 생각과 감정을 종합하여 곡의 빠르기, 셈여림의 정도, 음표와 쉼표의 미세한 길이 등을 결정해야 하죠. 심지어 연주 중에 언제 호흡할지 정하는 것도 연주자의 해석에 따라 결정됩니다. 그래서 서로 다른 연주자가 지닌 특유의 해석에 귀를 기울이면 같은 곡이라도 다르게 들리는 경험을 할 수 있어요.

만약 베토벤의 피아노 소나타를 처음 접하는 독자라면 초기 소나타로 그의 곡에 입문하는 것을 권합니다. 그중 베토벤이 낭만주의로 나아가기 시작한 전환점이라고 평가받는 곡이 바로 〈피아노 소나타 8번 '비창'〉입니다.

청년 시절 사랑했던 어머니를 여읜 후, 폭력적이고 무능력한 아버지의 생계를 책임져야 했던 베토벤이 20대의 끝을 보내며 완성한 작품이죠. '비창(悲愴, 마음이 몹시 상하고 슬픔)'이라는 곡의 부제답게 이 곡의 1악장에서는 그의 짙은 고독과 비극이 느껴집니다. 그리고 2악장에서는 서정적인 선율과 화음을 통해 내면의 간절함을, 마지막 3악장에서는 활기가 넘치면서도 아름다운 선율을 경험할 수 있습니다.

베토벤은 이 감미롭고도 애절한 선율을 통해 무엇을 이야기하고자 한 것일까요? 아마 홀로 생계를 책임져야 하는 외로움과 고통, 어머니에 대한 그리움 그리고 미래에 창창하게 펼쳐질 희망을 이 곡에 담아내지 않았을까 조심스레 추측해봅니다.

·· **〈교향곡 7번〉 1악장** 학창 시절 푹 빠져 봤던 클래식 음악 드라마 〈노다메 칸타빌레〉의 메인 OST로 사용된 곡입니다. 1악장의 목가적인 부분이 끝나면 나오는 쾌활하고 시원한 주제 선율이 매우 매력적이랍니다.

·· **〈피아노 협주곡 5번〉 1악장** 이 곡은 후대에 '황제'라는 별명이 생길 정도로, 웅장하고 위풍당당한 분위기를 풍깁니다. 특히 피아노의 화려한 기교가 힘찬 시작을 알리고, 자연스레 오케스트라가 이어져 주제 멜로디를 연주하는 도입부가 인상적입니다.

·· **〈바이올린 소나타 5번〉 1악장** 비교적 가볍게 들을 수 있는 곡으로, '봄'이라는 별명이 붙은 곡이기도 하죠. 따뜻하고 선선한 봄날과 매우 잘 어울리는 곡입니다.

그들이 클래식계의
아이돌이 된 이유

니콜로 파가니니
1782~1840년

국적　이탈리아
사조　낭만주의
대표곡　〈바이올린을 위한 24개의
　　　　카프리스〉, 〈바이올린 협주곡
　　　　2번〉 3악장 '라 캄파넬라'

+ 파가니니는 악마에게 영혼을 팔았다는 소문이 돌 정도로 바이올린을 완벽하게 연주했던 작곡가였습니다. 특히 바이올린을 위한 창의적이면서 독특하고 어려운 기교를 만들어내어 자신의 악곡에 담았답니다. 현대의 바이올린 전공자들을 매우 힘들게 하고 있는 장본인이죠.

+ 그중 〈바이올린을 위한 24개의 카프리스〉는 바이올린의 모든 기교를 담았다고 해도 과언이 아닐 정도로 어려운 곡입니다. 반주도 없기에 바이올린 한 대로 여러 개의 화성을 연주해야 하죠.

+ 지긋지긋하게 따라붙었던 '악마'라는 꼬리표는 사후에도 그를 괴롭혔습니다. 심지어 그의 시신은 교회의 거부로 인해 오랜 기간 방치되기도 했죠. 그럼에도 그의 엄청난 음악성은 향후 리스트와 같은 수많은 음악가에게 큰 영향을 미쳤답니다.

프란츠 리스트
1811~1886년

국적　헝가리
사조　낭만주의
대표곡　〈파가니니 주제에 의한 대연습곡 3번〉, 〈초절기교 연습곡 4번〉 '마제파'

+ 말끔한 외모에 완벽한 피아노 실력을 갖춘 리스트는 당대 아이돌 못지않은 인기를 얻었습니다. 어려운 곡들을 멋진 쇼맨십과 함께 완벽히 연주함으로써 엄청난 팬이 생겼죠.

+ 리스트는 파가니니의 바이올린 공연을 본 후 큰 자극을 받았어요. 피아노계의 파가니니가 되겠다고 다짐했죠. 그렇게 연습에만 몰두하며 누구도 흉내 못 낼 엄청난 기교를 〈초절기교 연습곡〉과 같은 음악에 담았습니다.

+ 악마라는 오명이 있던 파가니니와 달리, 리스트는 향후 성직자로서의 삶을 살았습니다. 그 시기에는 후학을 양성하면서도 종교적 색채가 짙은 음악을 주로 작곡하며 살아갔죠.

여러분은 K-POP 음악을 즐겨 듣나요? 저는 기분을 환기하고 싶거나 텐션을 올리고 싶을 때 듣곤 합니다. 수많은 K-POP 음악을 듣다 보면 클래식 음악을 활용하여 작곡된 음악도 많이 발견할 수 있죠. 그중 대표적인 곡이 바로 유튜브 뮤직비디오 조회 수 약 7억 회에 달하는 블랙핑크의 〈Shut Down〉입니다.

곡의 시작부터 들려오는 강렬한 바이올린의 음색과 선율에 세련된 리듬을 입혀 멋진 분위기를 자아내죠. 이 중독적인 블랙핑크의 음악에 사용된 클래식 원곡이, 이탈리아 출신의 바이올리니스트이자 작곡가 니콜로 파가니니의 〈바이올린 협주곡 2번〉 3악장 '라 캄파넬라'입니다.

또 원곡 못지않게 많이 연주되는 피아노 버전도 있으니 바로 파가니니의 재능을 동경했던 헝가리의 피아니스트이자 작곡가 프란츠 리스트의 〈파가니니 주제에 의한 대연습곡 3번〉 '라 캄파넬라'입니다. 바이올린 곡과 피아노 곡 모두 기교의 끝을 보여주는 듯 현란한 테크닉을 선보입니다.

'라 캄파넬라(La Campanella)'란 이탈리어어로 '작은 종'을 의미하는 말로, 교회의 종소리에서 영감을 받은 파가니니가 작곡한 곡입니다. 그리고 이를 리스트가 피아노 버전으로 편곡한 것이지요. 같은 주제를 다룬 곡임에도 서로 다른 악기의 음색과 주법이 표현하는 분위기로 인해 느낌이 매우 상반됩니다. 활 튕기기와 같이 바이올린만이 할 수 있는 기교를 리스트가 어떻게 창의적으로 피아노로 표현했는지 찾아보는 것도 재미있는 감상 포인트이겠죠.

파가니니와 리스트는 지금의 K-POP 아이돌 못지않게 인기가 많은 연주자이자 작곡가였습니다. 입을 다물지 못할 정도로 어려운 테크닉, 화려한 퍼포먼스, 대중적인 선율 등으로 대중을 휘어잡았죠. 심지어 잘생긴 외모에 화려한 쇼맨십을 보이기로 유명했던 리스트의 공연을 본 관객이 그만 기절했다는 풍문도 있습니다.

하지만 유명한 톱스타에게는 고충이 있는 법. 파가니니와 리스트 또한 무수한 스캔들과 소문을 피할 수 없었답니다. 이들은 얼마나 대단한 음악적 능력을 갖추었기에 클래식계의 대스타가 될 수 있었을까요? 또 파가니니의 곡을 수없이 편곡한 리스트와 파가니니는 어떤 관계였을까요?

악마에게 영혼을 판
바이올리니스트

구부정한 자세, 매부리코와 튀어나온 광대, 헝클어진 머리카락과 왜소한 몸, 땅을 향해 처진 바이올린. 그가 바이올린 켜는 모습을 보고 있노라면 연주에 대한 신뢰감을 갖긴 어려워 보입니다. 하지만 그가 소리를 내는 순간, 모든 편견은 순식간에 사라지죠.

파가니니는 여러 가지 새롭고 어려운 바이올린 기술을 만들고 발전시킨 바이올린계의 선구자였습니다. 그가 바이올린으로 다양한 기교를 현란하게 구사할 수 있었던 것은 아버지 덕분이었습니다.

아마추어 만돌린 연주자였던 아버지는 어린 파가니니가 바이올린에 재능이 있다는 것을 일찍이 발견했어요. 아버지는 아들이 빨리 바이올린 실력을 키울 수 있도록 엄격하게 훈육했습니다. 아들의 재능을 키워 생계에 보탬이 되게 하려는 목적도 있었죠. 그래서 파가니니를 굶기면서까지 바이올린 연습을 시켰어요. 물론 파가니니에게도 바이올린에 대한 강한 열정이 있었습니다. 향후 파가니니는 친구에게 어린 시절에 대해 이렇게 말했습니다.

> "사실 아버지는 나에게 그리 엄격할 필요는 없었어. 나는 악기에 엄청난 열정이 있었고, 이전에 꿈꿀 수 없던 새로운 기법에 관해 공부하기를 멈추지 않았거든."

1831년 외젠 들라크루아가 파가니니의 연주를 듣고 그린 초상화

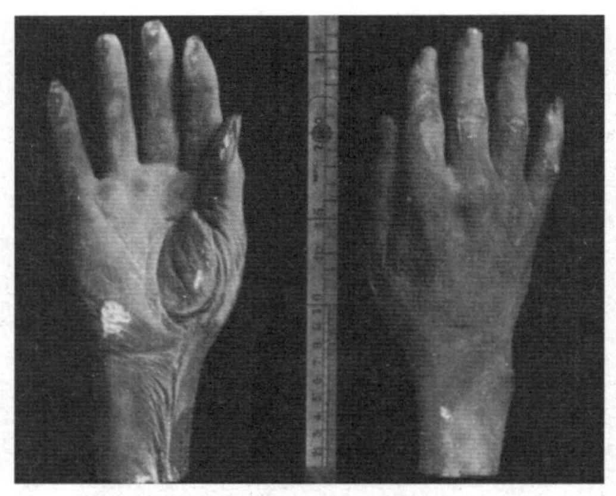

유전 질환을 앓고 있던 파가니니의 손.
상한 손을 통해 그가 얼마나 연습을 많이 했는지 알 수 있다.

　바이올리니스트로서 빠르게 성장한 파가니니는 그를 가르친 선생님들의 실력을 뛰어넘을 정도였습니다. 그래서 어릴 적부터 고향에서는 바이올린 신동이라고 입소문이 났죠. 그렇게 바이올린을 연주하는 아이돌이 된 파가니니는 고향인 이탈리아를 중심으로 활동하다가 점차 유럽 전역을 돌며 연주 활동을 시작했습니다.

　파가니니는 평범한 바이올리니스트들이 감히 넘볼 수 없는, 즉 오로지 자기만이 연주할 수 있는 난곡을 작곡합니다. 이 난곡을 완벽하게 연주할 수 있었던 이유 중 하나가 바로 그의 커다란 손입니다. 거미손가락증이라 불리는 '마르판증후군'을 앓고 있어 남들에 비해 기다란 손가락을 가졌기에 어려운 기교를 쉽게 구사할 수 있었죠.

　파가니니는 자신의 바이올린 기교에 대해 자부심이 컸습니다. 심지어 그는 자신의 악보를 공개하는 일도 꺼려서, 같이 연주하는 오케스트라 단원들이 자신의 악보를 넘보지 않도록 유의 주시했고, 모든 곡을 외워서 연주했다고 하죠.

그런 그의 현란한 연주를 들은 청중들은 넋이 나가고 말았습니다. 그의 연주가 끝나면 객석은 열광의 도가니였고, 심지어 그가 바이올린 실력을 위해 악마와 거래했다는 소문까지 돌았습니다. 악마가 파가니니의 연주를 도왔다느니, 활 끝에 악마가 보였다느니, 파가니니 자체가 악마라느니 등 파가니니에 대한 이상한 소문이 일파만파 퍼졌어요. 아마도 그의 독특한 연주 자세도 소문을 만드는 데 한몫했을 것입니다. 얼마나 어려운 기법을 연주했기에 그가 '악마'라는 소문까지 돌게 된 것일까요?

미래의 음악가들을 괴롭힌
고난이도 연주곡의 탄생

그가 만든 기법은 다양합니다. 두 개의 화음을 동시에 빠르게 연주하기, 지판을 잡은 왼손으로 현을 뜯으며 연주하기, 활을 튕겨 네 개의 줄을 번갈아 연주하며 화음 연주하기 등 셀 수도 없죠. 함께 그 난이도를 체험해볼까요?

왼손 엄지손가락을 책상 밑에 붙인 채, 책상 위에 검지와 약지를 붙입니다. 그 상태로 중지와 새끼손가락을 동시에 붙였다 떼는 것을 반복해보세요. 어떤가요? 움직임이 불편하지 않나요? 두 개의 화음을 동시에 빠른 속도로 연주하기 위해서는 왼손을 정확한 위치에 두고 정확한 박자로 움직여야 한답니다.

파가니니는 이 어려운 기교들을 한데 모아 반주 없이 바이올린 혼자 연주하는 곡을 만들었습니다. 그 곡이 바로 〈바이올린을 위한 24개의 카프리스〉입니다. 많은 바이올린 전공자를 괴롭히는 곡이기도 하죠. 이 중 우리에게 잘 알려진 곡이 바로 〈카프리스 24번〉입니다.

연주를 들으면 시작부터 익숙한 멜로디가 흘러나옵니다. 이 멜로디는 각기 각색의 기교를 활용해 변형되어 연주되는 변주곡 형태를 띱니다. 특히 24번은 나머지 1번부터 23번까지 나온 모든 기교를 총집합해서 보여줍니다. 2013년에 개봉한 영화 〈파가니니: 악마의 바이올리니스트〉에서도 이 곡을 연주하는 장면이 나오는데, 이를 보면 파가니니가 얼마나 아이돌 못지않은 인기를 누렸는지 간접적으로나마 확인할 수 있습니다. 물론 실제 파가니니가 영화의 주인공처럼 수려한 외모를 지녔을지는 의문이지만 말이죠.

리스트의 인생을 바꾼
파가니니의 공연

말끔한 외모와 완벽한 피아노 실력을 지닌 리스트는 당대에 엄청난 인기를 누린 피아니스트이자 작곡가였습니다. 파가니니와 마찬가지로 리스트 또한 어릴 적부터 아버지가 음악적 재능을 발견해 빠르게 성장할 수 있었습니다. 다른 점이 있다면 파가니니는 엄격하게 가르침을 받은 반면 리스트는 따뜻한 아버지의 정신적 지지를 받으며 음악적 재능을 꽃피워나갔다는 점입니다.

리스트는 고국인 헝가리에서 아홉 살 때 처음으로 대중 앞에서 피아노 연주를 하며 알려지기 시작했습니다. 리스트의 연주가 너무나도 인상적이었는지 귀족들은 그가 해외에서 음악 활동을 하는 데에 적극적으로 후원했어요. 그 덕에 리스트는 유럽 곳곳에 이름을 알렸을 뿐만 아니라 체르니, 살리에리, 베토벤 등 우리에게도 잘 알려진 음악가들의 제자로서 그 역량을 탄탄히 다질 수 있었습니다. 특히 베토벤은 자신의 〈피아노 협주곡 1번〉을 완벽히 연주한 리스트를 향해 엄청난 찬사를 보내기도 했답니다.

20대 초반이 된 리스트는 자신의 인생을 바꾸는 공연을 맞이합니다. 바로 바이올린계의 아이돌 파가니니의 공연이었습니다. 휘황찬란한 기교를 선보이는 파가니니의 연주에 리스트는 넋이 나가고 말았어요. 음악가로서의 동경과 한편으로는 경쟁심을 느끼며 음악에 관한 열정을 활활 불태웠죠. 파가니니의 공연을 본 직후 리스트는 '피아노계의 파가니니'가 되겠다고 다짐했답니다.

이후 리스트는 화려한 기교를 완벽하게 펼치는 피아니스트가 되기 위해 하루 종일 연습에 매진합니다. 그렇게 리스트는 오랜 기간 수정을 거쳐 자신을 '피아노계의 파가니니'로 알리게 해준 〈12개의 초절기교 연습곡〉을 작곡합니다. 이름에 '초절기교'라는 말이 쓰인 만큼 이 곡은 기절초풍할 정도의 고난이도 테크닉을 요구하는데, 리스트는 이 어려운 곡을 완벽하게 외워 연주하며 많은 팬을 만들어나갑니다.

너무나도 달랐던 두 음악가의 인생

다시 파가니니의 이야기로 돌아가 볼까요? 50대 후반, 더 이상 공연할 수 없을 정도로 건강이 악화된 파가니니는 결국 침대 신세를 지게 됩니다. 그러던 중, 파가니니에게 한 사제가 찾아왔습니다. '악마와 계약했다'는 소문이 돌던 이에게 마지막으로 구원의 기회를 주기 위함이었죠.

사제는 악마라는 오명을 쓴 파가니니에게 다짜고짜 어떻게 바이올린 연주를 완벽하게 했는지 집요하게 묻습니다. 후두결핵을 앓고 있던 파가니니는 손짓만 하다못해 결국 귀찮다는 듯 걸쭉한 목소리로 악기를 가리키며 이렇게 이야기했죠.

"그 속에는 악마가 숨어 있소."

질문을 건넨 사제는 겁에 질려 도망쳐 나왔습니다. 결국 파가니니 자신이 악마와 손잡은 것을 시인한 셈이었죠. 이 소문은 빠르게 퍼져 나갔고, 파가니니는 이로 인해 사후에도 수십 년 간 동굴이나 지하 납골당 같은 곳에 임시로 안치되었습니다. 종교적인 이유로 파가니니의 시신이 교회 묘지에 묻히는 것을 거부당했기 때문입니다. 그가 죽은 지 36년이 지난 뒤에야 교회 묘지에 정식으로 묻힐 수 있었죠.

한편 인기 스타 리스트는 여성들과의 스캔들이 끊이지 않았습니다. 그는 아버지가 "여자를 멀리하라"라는 유언을 남겼음에도 불구하고, 멋진 연주에 열광하는 여성들에게 둘러싸여 바람기를 주체할 수 없었죠. 그래서인지 리스트가 진지하게 만나는 여성들의 가족들은 리스트와의 결혼을 반대하거나 꺼렸어요. 물론 신분 차이도 그 이유였지만, 그의 바람기를 안심하기는 어려웠을 겁니다.

그래도 딱 한 번 결혼에 골인하는데, 바로 마리 다구 백작 부인과의 결혼이었습니다. 그러나 연주 일정으로 너무 바빴던 리스트로 인해 자녀 셋을 홀로 돌봐야 하는 상황이 반복되자 둘은 결국 이혼하고 말았죠.

리스트는 이혼 후에도 여러 애인을 만났지만 뜻대로 관계를 유지하기 힘들어지자 모든 것을 해탈한 듯 수도회에 들어가 성직자의 길을 걷기로 선택합니다. 이때부터 많은 종교음악을 창작하기 시작했어요. 그리고 제자를 두지 않았던 파가니니와 달리 리스트는 후학을 양성하면서도 꾸준히 연주 활동을 하다 결국 폐렴으로 생을 마감합니다.

아이돌과도 같은 인기를 누렸지만 너무나도 다른 삶을 살았던 파가니니와 리스트. 만약 리스트가 파가니니의 공연을 관람하지 못했다면, 지금의 피아노 전공자들은 스트레스를 조금이나마 덜 수 있었을까요?

Classic Playlist

| 파가니니 |

·· **〈칸타빌레 Op.17〉** 파가니니가 휘황찬란한 기교가 담긴 곡만 작곡한 것은 아니었습니다. '노래하듯이'라는 뜻의 칸타빌레는 바이올린으로 노래하듯 아름다운 선율을 담고 있습니다. 그의 음악성을 확인할 수 있는 곡 중 하나죠.

·· **〈설렘〉** 로시니의 오페라 〈탄크레디〉의 아리아 선율을 활용해 다양한 기교를 첨가하여 만든 변주곡으로, 〈칸타빌레〉처럼 잔잔한 노래가 이어지다 곧 입이 다물어지지 않는 기교가 펼쳐집니다.

·· **〈바이올린 소나타 6번〉** 왠지 모를 쓸쓸함이 느껴지는 곡으로, 1995년에 방영한 드라마 〈모래시계〉의 OST에 활용됐다고 하죠. 곡 중간 부분에서는 초반부와 상반된 힘찬 에너지를 느낄 수 있습니다.

·· **〈순례의 해: 두 번째 해: 이탈리아 7번〉** '**단테를 읽고**' 단테의 《신곡》에 등장하는 지옥, 연옥, 천국을 음악으로 표현한 곡입니다. 지옥을 표현한 부분은 땅끝까지 떨어지는 느낌이 드는 반면 천국을 표현한 부분은 하늘에서 빛의 천사를 대면하는 듯한 느낌을 자아내죠.

·· **〈위로 3번〉** 피아노가 담담히 마음속에 들어와 위로를 건네는 선물과도 같은 곡이랍니다.

·· **〈헝가리안 랩소디 2번〉** 헝가리 출신 작곡가답게 리스트는 총 19개의 〈헝가리안 랩소디〉를 작곡했습니다. 그중 가장 유명한 것이 2번입니다. 특유의 집시풍 음악으로, 후반으로 갈수록 점차 흥겨워지는 매력이 있는 곡이죠. 물론 기교는 덤입니다.

프리랜서 모차르트의
험난한 여정

볼프강 아마데우스 모차르트
1756~1791년

국적 오스트리아
사조 고전주의
대표곡 〈'아, 어머니께 말씀드릴게요'
주제에 의한 12개의 변주곡〉,
〈플루트 협주곡 1번〉 1악장,
〈호른 협주곡 1번〉 1악장

+ 아름답고 대중적인 음악을 남긴 모차르트는 하이든과 함께 고전주의를 대표하는 음악가로 알려져 있어요. 다섯 살 때부터 작곡을 시작했고, 악보에는 지우개의 흔적이 거의 없을 정도로 머리에 떠오른 음악을 그대로 악보에 옮기는 천재성을 보였죠.

+ 모차르트는 고전주의에서 성행한 형식 안에서 다양한 음악적 시도를 함으로써 청중들의 이목을 사로잡았어요. 다채로운 변화를 담고 있는 대표적인 곡으로는 〈작은 별 변주곡〉을 들 수 있습니다.

+ 아쉽게도 모차르트는 서른다섯의 젊은 나이에 세상을 떠났어요. 짧은 생애임에도 수많은 명곡을 남겼죠. 그의 완벽한 음악을 듣노라면 하늘에서 잠시 내려온 천사가 아니었을까 되새기게 됩니다.

저에게 '최애 작곡가'가 누구인지 묻는다면, 단연코 볼프강 아마데우스 모차르트라고 말할 수 있습니다. 모차르트가 천재라는 사실은 이미 잘 알려져 있죠. 수많은 사람의 뇌리에 박히는 멜로디를 손쉽게 작곡했기 때문입니다. 마치 한국의 창작 동요 '아기 상어'의 멜로디가 전 세계인에게 퍼져나간 것처럼 말이죠.

이외에도 다섯 살 때부터 작곡을 시작한 것, 어렸을 적 아버지와 전 세계로 연주 여행을 다닌 것, (자필 악보가 깨끗한 상태라는 점을 보아) 머릿속에 떠오르는 악상을 그대로 악보에 옮기는 능력이 있었다는 것, 11분짜리 성가곡 〈미제레레〉를 한 번 듣고 완벽하게 악보에 옮겨 적었다는 것 등 그의 천재성을 뒷받침하는 일화는 무수히 많습니다.

하지만 모차르트가 신동이었기에 좋아하는 것만은 아닙니다. 어디로 튈지 모르는 재치 있는 음악 진행, 마치 대화하는 듯한 멜로디와 구조 그리고 아름다운 화성의 진행 등 그를 좋아할 수밖에 없는 수많은 이유가 존재하죠. 그래서 모차르트의 음악에는 '천상에서 내려온 음악'이라는 별명에 어울리는 위대함이 녹아 있답니다. 그럼 그의 음악이 얼마나 다채로운 매력을 가지고 있는지 알아볼까요.

모차르트의 곡이
지루하다고?

한번은 음악을 전공하던 친구가 이런 말을 한 적이 있습니다.

"누군가의 모차르트 연주를 듣고 졸았다면, 연주를 잘했기 때문이라고 하더라."

모차르트의 곡을 연주할 때는 다른 곡보다 실수가 더 잘 드러나

수정 흔적이 거의 없는 모차르트 친필 악보

불편함과 불안정함을 느낄 수밖에 없다는 의미로 한 말이었습니다. 즉, 모차르트의 곡은 깔끔한 음정과 아름다운 음색으로 연주하는 것이 중요하다는 거죠. 하지만 이 말을 들은 저는 속으로 이렇게 생각했어요. '아무리 그래도 어떻게 모차르트의 음악이 지루할 수 있어?'

물론 수백 년 전에 창작된 고전음악이기에 다양한 자극에 익숙해진 현대인들에게는 때때로 지루하게 느껴질지 모릅니다. 그러나 모차르트가 의도한 음악적 변화와 시도를 적극적으로 찾는다면 지루할 틈 없이 감상할 수 있습니다.

음악을 들을 때 지루함을 느끼는 이유는 무엇일까요? 가장 큰 이유는 감상자의 예상대로 음악이 흘러가기 때문입니다. 단순한 반복이 많고 변화가 적으면 지루함을 느끼죠.

하지만 예상치 못한 멜로디, 음색, 리듬, 화성 등이 근사하게 등장하면 호기심이 듭니다. 모차르트는 이처럼 지켜야 하는 음악적 형식 안에서 다양한 변화를 시도해, 듣는 사람이 지루해하지 않을 만한 포인트를 만들었습니다.

모차르트의 일대기를 담아낸 영화 〈아마데우스〉에는 그가 이런 식으로 음악을 만드는 과정을 잘 보여주는 장면이 있습니다. 하루는 오스트리아 국왕이 모차르트의 소문을 듣고 그를 왕궁으로 초대합니다. 궁정 음악가 '살리에리'는 모차르트를 환영하기 위한 피아노 행진곡을 작곡하여 국왕에게 가르쳐주죠. 국왕이 그 곡을 열심히 연습하는 사이, 모차르트가 국왕이 있는 방에 도착합니다. 그러고는 들려오는 행진곡을 전부 외워버린 후, 그 자리에서 즉흥적으로 행진곡을 편곡해버립니다. 살리에리의 행진곡이 반복이 많고 변화가 적어 다소 지루했다면, 모차르트가 편곡한 곡은 새로운 멜로디를 추가하고, 중간중간 반주 리듬이나 셈여림에 변화를 주어 상대적으로 덜 지루했지요. 이 장면을 통해 모차르트가 추구한 음악적 시도와 방향성을 간접적으로나마 엿볼 수 있습니다.

우리에게 〈작은 별 변주곡〉으로도 잘 알려진 〈'아, 어머니께 말씀드릴게요' 주제에 의한 12개의 변주곡〉이 그의 다채로운 음악적 시도를 잘 보여주는 대표곡입니다. 친숙한 동요의 멜로디가 어떻게 다채롭게 변화했는지 파악하기 수월해서 모차르트 입문 곡으로 제격입니다.

여섯 살 때부터 유럽을 놀라게 한
천재 음악가의 탄생

모차르트는 1756년, 오스트리아의 잘츠부르크라는 소도시에서 태어나 자랐습니다. 그에겐 여섯 명의 형제자매가 있었지만, 불행히도 누나인 나넬 모차르트를 제외하고 모두 일찍 세상을 떠나버리고 말았죠. 그래서인지 가족들은 서로를 매우 각별하게 여기며 긴밀한 사이로 지냅니다. 모차르트의 음악적 재능은 가족들로부터 큰 영향을

연주 여행 중인 모차르트 가족. 왼쪽부터 레오폴트, 나넬, 모차르트(1763년경)

받았을 겁니다. 그의 아버지 레오폴트 모차르트는 궁정 악단의 수석 바이올리니스트였어요. 그는 어린 모차르트와 나넬에게 음악을 들려주고 악기를 배우도록 지원했죠.

어린 시절부터 모차르트의 천재성은 남달랐습니다. 누나 나넬이 음악 선생님으로부터 하프시코드를 배우며 연주한 곡을 듣고는, 세 살인 모차르트가 그대로 따라서 연주하기도 했답니다. 악기를 배우는 속도가 무척 빨랐고, 심지어 글도 제대로 읽지 못하는 나이에 협주곡을 작곡할 정도였어요. 이를 발견한 아버지 레오폴트는 잘츠부르크를 벗어나 전 유럽에 모차르트를 자랑하고 싶었습니다. 그렇게 여섯 살이 된 모차르트와 그의 누나는 유럽을 무대로 연주 여행을 떠나게 되었죠.

연주 여행은 매우 성공적이었습니다. 사람들은 어린 두 남매의 완벽한 연주에 찬사를 보냈고, 모차르트는 어린 나이에 여러 나라의 문화를 접하고, 많은 음악가를 만나며 다양한 음악을 접할 수 있었습니다. 그 사이 훗날 프랑스의 왕비가 된 꼬마 마리 앙투아네트에게 어린 모차르트가 청혼을 하는 재미난 일화도 생겼답니다.

그러나 넉넉지 않은 자금 때문에 냄새나는 여관에서 생활하며 마차로 장기간 여행해야 했던 탓인지, 모차르트는 어릴 적부터 건강이 좋지 않았습니다. 또 학교에서 친구들과 놀기보다 음악과 여행에만 몰두한 탓일까요. 모차르트는 고집이 세고 너무도 자유분방한, 다른 말로 하면 사회성이 떨어지는 성격을 갖게 됩니다.

하기 싫은 것은 안 하는
자유로운 영혼입니다만

모차르트는 한곳에서 일하는 직장인이 아닌 자유분방하게 의뢰받아 작업하는, 지금의 프리랜서와 같은 생활을 했죠. 게다가 호불호가 확실했고, 하기 싫은 일은 하지 않는 성격이었어요. 좋아하는 악기나 가까운 사람을 위해서는 기꺼이 여러 곡을 작곡했지만, 돈 때문에 억지로 의뢰받은 곡은 게을리 작곡하기 일쑤였죠. 이러한 성격은 모차르트가 독주 악기와 관현악단이 함께 연주하는 형태인 '협주곡'을 작곡했던 일화에서도 드러납니다.

성인이 된 모차르트는 어머니와 함께 연주 여행을 하던 중 독일의 만하임에서 겨울을 보냈습니다. 그곳에서 그는 부유한 음악 애호가이자 아마추어 플루티스트 '드장'에게 플루트를 위한 협주곡 세 곡과 플루트 4중주곡 세 곡을 의뢰받습니다. 모차르트는 의뢰를 수락했으나 너무나 작곡하기 싫었어요. 왜냐하면 플루트라는 악기를 좋아하지 않았기 때문이죠. 오늘날과 달리 18세기에 플루트는 충분히 개량되지 않아 음색과 음정이 불완전했어요. 오죽하면 모차르트가 아버지께 보낸 편지에 플루트를 '참기 힘든 악기'라고 표현할 정도였죠.

어쨌거나 모차르트는 세 곡의 플루트 4중주를 작곡했어요. 그러나 협주곡은 한 곡만 온전히 작곡했고, 〈플루트 협주곡 2번〉은 기존에 작곡했던 오보에 협주곡을 플루트 버전으로 편곡했으며, 3번은

개량되기 전 플루트를 그린, 주디스 레이스테르의 〈어린 플루트 연주가〉

작곡조차 하지 않았어요. 결국 드장으로부터 받기로 한 돈의 절반도 못 받았답니다. 물론 그럼에도 〈플루트 협주곡 1번〉은 악기의 주법 특성을 잘 살려 경쾌하고 아름답게 작곡했습니다. 하기 싫은 사람이 작곡했다고는 믿기 힘들 정도로 말이죠.

억지로 작곡한 플루트 협주곡과 달리 모차르트는 단 한 사람을 위해 자발적으로 4개의 협주곡을 작곡해 선물하기도 했답니다. 그 주인공은 바로 잘츠부르크의 궁정 오케스트라의 호른 연주자 요제프 로이트게프였습니다. 그는 모차르트의 아버지인 레오폴트 모차르트의 친한 동료로, 모차르트와는 스무 살도 넘게 차이 나는 삼촌뻘이었답니다. 모차르트가 다소 선 넘는 장난을 쳐도 서글서글하고 착한 로이트게프가 너그러이 받아주었기에 어릴 때부터 친하게 지낼 수 있었죠. 모차르트는 호른의 특성을 최대한 살려 로이트게프의 성격과 음악성을 표현한 〈호른 협주곡〉을 작곡했습니다.

장난기 가득했던 모차르트는 로이트게프에게 선물한 악보에도 장난을 쳐놨는데, "당나귀 씨!", "돼지야!", "양도 그 정도 트릴은 하겠다"와 같은 문구를 써놓은 것이죠. 나이를 초월한 두 사람의 우정이 표현된 〈호른 협주곡〉을 들을 때면 순수함과 긍정의 에너지를 받곤 합니다. 호른과 오케스트라의 협주가 마치 모차르트와 로이트게프의 유쾌하고 장난스러운 대화처럼 느껴지는 협주곡 〈호른 협주곡 1번〉 1악장을 감상해보길 추천합니다.

음악 천사의
쓸쓸한 최후

항상 유쾌할 것만 같았던 모차르트도 말년의 비극을 피할 순 없었습니다. 음악가로서 높은 자존감, 하기 싫은 것은 하지 않는 성격, 유별난 장난기 등으로 인해 주변에서 그를 아니꼽게 보는 이들이 많았죠. 프리랜서로서 경제적 타격이 있을 수밖에 없었습니다. 게다가 모차르트와 그의 아내는 버는 족족 다 써버리는 사치스러움 때문에 돈을 모으지도 못했습니다. 모차르트가 말년에 작성한 편지에는 주변에 돈을 빌려달란 내용으로 가득할 정도였어요.

설상가상으로 건강까지 악화되고 맙니다. 그의 나이 서른다섯, 모차르트에게 죽음의 그림자가 드리우기 시작하던 바로 그때 수상한 검은 망토를 둘러쓴 사내가 곡을 의뢰합니다. 바로 망자를 위해 장례식 때 사용할 음악이었죠. 알고 보니 한 백작이 아내의 장례식 때 사용할 음악을 본인이 작곡한 것으로 속이고 연주하기 위한 속셈이었습니다. 돈이 필요했던 모차르트는 의뢰를 수락하는데, 그렇게 탄생한 곡이 바로 〈레퀴엠〉입니다. 그러나 모차르트는 〈레퀴엠〉 3악장에 구성된 '슬픔의 날'이라는 뜻의 〈라크리모사〉를 작곡하다 세상을 떠나고 말았습니다. 그 나머지 부분은 그의 제자가 작곡해 완성됐죠. 죽음을 앞둔 모차르트가 죽은 자를 위한 음악을 쓸 때 그 마음이 어땠을지 이루 말할 수 없을 겁니다.

　서른다섯의 젊은 나이에 세상을 떠난 모차르트. 그는 짧은 생애 동안 전 세계인이 사랑하는 수많은 명곡을 남겼답니다. 어쩌면 그는 정말 인류에게 음악의 아름다움을 전파하기 위해 천상에서 잠시 내려왔던 음악 천사가 아니었을까요?

Classic Playlist

- 〈피아노 협주곡 23번〉 1악장 모차르트의 모든 곡을 사랑하지만 제가 가장 사랑하는 곡이 바로 이 곡입니다. 특히 1악장 제2주제의 아름다운 선율을 가장 좋아한답니다.

- 〈세레나데 10번〉 3악장 모차르트의 〈세레나데 13번〉 1악장이 가장 널리 알려졌는데요. 은은하게 들려오는 오보에와 클라리넷 등 목관 악기의 따뜻한 선율이 매력적인 〈세레나데 10번〉 3악장도 그 못지않게 아름답습니다.

- 〈아베 베룸 코르푸스〉 '성체 안에 계신 예수'라는 뜻으로, 인간이 창작할 수 있는 가장 아름다운 화성 진행으로 작곡된 합창곡이라고 생각합니다. '하늘에서 내려온 것 같은 음악'이라는 표현보다 더 적절한 표현이 있을까 싶어요.

자유로운 영혼의
클래식 마이웨이

클로드 드뷔시
1862~1918년

국적　프랑스
사조　인상주의
대표곡　〈달빛〉, 〈목신의 오후 전주곡〉,
　　　　〈기쁨의 섬〉

+ 드뷔시는 파리 음악원 재학 시절 전통 화성 체계를 벗어난 작곡을 고집하여 낙제를 받을 만큼 못 말리는 작곡가였어요. 이후 불협화음을 창의적으로 활용함으로써 인상주의 음악을 개척했다는 평가를 받았죠.

+ 드뷔시는 방향성이 있는 조성 음악의 틀에서 벗어나 머릿속에 그림이 펼쳐지는 듯한 곡을 많이 작곡하여 인상주의 음악 사조를 개척했어요. 또 자연물이나 사물에 대해 느낀 주관적 느낌을 음악으로 표현하는 데 중점을 두었죠.

+ 쾌락을 너무나도 중시했던 탓일까요. 아내가 있는데 다른 여인과 바람이 나 섬으로 여행을 가버리는 등 그의 스캔들은 끊임없었죠. 그런 상황에서도 드뷔시는 솔직한 자신의 느낌과 감정을 음악에 듬뿍 담아 표현했답니다.

드뷔시의 음악은 뭔가 다릅니다. 말로 형용하기 어렵지만, 우리가 많이 접한 모차르트나 베토벤 등의 음악과 색다른 느낌을 주죠. 피아노 소리만으로도 머릿속에 하나의 장면이 그려지게 하니까요. 그는 학교에서 낙제점을 받거나 수많은 여인과 스캔들을 일으키는 등 스펙터클한 삶을 살기도 했지만, 클래식 역사에서는 음악적 발전에 크게 기여한 인물로 손꼽힙니다. 이전에 당연하게 여겨졌던 음악의 틀과 체계에 도전하여 소신대로 작곡 활동을 이어왔기 때문입니다. 드뷔시는 도대체 어떤 여정을 거쳐 새로운 음악의 길을 개척할 수 있었던 걸까요?

기존의 논리와
규율에 도전하다

드뷔시는 1862년, 프랑스에서 음악과 전혀 관련 없는 가정에서 태어났어요. 아버지는 도자기 사업을 운영했고, 어머니는 재봉사였죠.

그래서 음악을 공부하기에 충분한 경제적 여유는 없었습니다. 그러던 중 드뷔시의 아버지가 프랑스-프로이센 전쟁의 군대에 합류하게 됐는데, 그때 알게 된 친구의 어머니이자 피아니스트 마리 모테 부인으로부터 드뷔시는 피아노를 배울 기회를 갖게 됩니다. 마리 모테 부인은 어려운 곡을 빠르게 익히는 드뷔시에게서 음악적 재능을 발견했습니다. 결국 그는 10살 나이에 당대 최고의 음악 교육기관이었던 파리 음악원에 입학했습니다.

드뷔시는 어떤 학생이었을까요? 그의 학창 생활은 다음의 그가 한 말로 압축할 수 있습니다.

"예술 작품이 규칙을 만든다. 규칙은 예술 작품을 만들지 않는다."

실제로 드뷔시는 파리 음악원 재학 초기, 음악적 재능은 인정받았으나 규칙을 잘 따르지 않는 학생으로 평가받았습니다. 피아노 교수와 학생들 사이에서 '집중력과 사회성이 떨어지는, 조금 이상한 학생'으로 인식됐고, 그를 가르쳤던 마르몽텔 교수 역시 처음에는 드뷔시에 관해 "대충하지 않고 집중한다면 훌륭해질 것"이라고 했다가 나중엔 "절망적으로 부주의한 학생"이라고 평가했죠. 결국 그는 파리 음악원에서 피아노 수업은 계속 받지 못한 채, 작곡을 공부하는 학생으로 남게 됐어요.

음악사나 음악 이론 같은 수업은 늦거나 나오지 않기도 했죠. 심지어 교수가 수업에 오지 않으면 자신이 멋대로 강의하거나, 에밀 뒤 랑 교수의 화성학 수업에 관해서는 "학생들의 창의성을 제한하는 잘 못된 강의"라고 평가하기도 했어요. 또 드뷔시는 어디서도 들어보지 못한 화성들을 사용하며 소신대로 작곡하다 수업에서 낙제 점수를 받기도 했답니다. 특정 학문에서 권위 있는 교수님께 반하는 것은 굉 장한 용기가 필요한 일인데요. 그만큼 드뷔시는 자신의 음악에 관해 소신이 강했습니다.

혹시 그가 전통적인 방식으로 작곡할 능력이 없어서 그랬던 것 은 아닐까요? 이와 관련한 흥미로운 일화가 있는데요. 드뷔시는 프 랑스의 유능한 예술가에게 주는 '로마대상'을 준비하기 시작합니다. 1883년 첫해에 2등을 한 후 다음 대회를 준비하는데, 그때 드뷔시는 독특하고 틀에서 벗어나는 곡을 쓰면 상을 받지 못할 것이라는 조언 을 듣게 됩니다. 그 이야기를 들은 그는 이 대회를 '게임'이라고 칭하 며, 심사위원들이 만족할 만한 전통적이면서 공식적인 곡을 작곡합 니다. 그 결과는 어땠을까요? 결국 1884년 로마대상에서 1등을 거 머쥐며 로마 유학의 기회를 얻게 됩니다.

드뷔시는 아무런 이유와 논리 없이 모든 체제와 규율에 반항한 것 이 아니라, 자신의 음악적 창의성을 펼쳐나가기 위해 계속 도전했던 것으로 보입니다.

드뷔시는 폰 메크 부인으로부터 음악 활동을 위한 후원을 받았습 니다. 메크 부인은 차이콥스키의 음악 활동도 후원했기에, 1880년

로마 유학 중인 드뷔시(가운데 흰 상의)

드뷔시는 러시아에 거주하는 차이콥스키를 만날 기회가 있었습니
다. 차이콥스키는 드뷔시의 음악을 듣고 어떤 평을 내렸을까요?

"아주 예쁜 작품이지만 너무 짧다. 단 하나의 아이디어도 완전히 표
현되지 않았고, 형식이 축소되어 있으며, 통일성이 없다."

도대체 드뷔시가 작곡한 음악은 어땠기에, 당시 전통적 낭만주
의 사조 방식을 고수하던 음악가들에게 부정적인 평가를 받은 걸까

요? 그리고 그런 드뷔시의 곡이 어떻게 후대에 인정받는 작품이 됐을까요?

예상치 못한 음이 주는
신선한 쾌감

"도레미파솔라시" 다음엔 어떤 음이 와야 할까요? 잘 모르겠다면 모두가 알고 있는 동요 〈학교 종이 땡땡땡〉을 떠올려봅시다. 그런 다음 "학교 종이 땡땡땡 어서 모이자. 선생님이 우리를 기다리신!"까지만 불러보는 겁니다. 뭔가 해결이 되지 않은 느낌이 들지 않나요? "기다리신'다'"까지 불러야 하나의 음악이 완전히 해결된 느낌이 듭니다.

우리는 보통 곡의 기준이 되는 음인 '으뜸음'으로 멜로디가 끝나기를 기대합니다. 이것이 드뷔시가 등장하기 이전, 낭만주의 음악가들이 작곡한 조성 음악의 기본 원리입니다.

'조성 음악'이란 으뜸음을 중심으로, 멜로디와 화성들이 일정한 관계를 맺도록 작곡된 곡을 의미합니다. 다시 말해 조성 음악은 정형화된 틀과 구조가 있기에 '방향성'을 지니고 있죠. 조성 음악을 들어왔던 사람이라면 방향성을 바탕으로 멜로디나 화음이 어디로 흘러갈지 예상하면서 음악을 감상합니다.

하지만 드뷔시는 이런 조성 음악의 틀을 무너트리고, 새로운 음계와 화성을 사용해 음악을 작곡했습니다. 여기에 더해 중세음악이나 동양음악, 러시아 음악 등 다양한 민족의 전통음악 등을 혼합하기도 했어요. 심지어 이후에 소개할 〈목신의 오후 전주곡〉의 도입부에는 중세 시대 때 '악마의 소리'라고 불렸던 화음을 과감히 사용하기도 했죠. 즉, 드뷔시의 곡에서는 조성 음악에서 중요하게 여긴 틀이 보이지 않으니 도무지 예상할 수 없는 음악이 되어버린 것이죠.

그렇다고 그가 막무가내로 작곡하는 것은 아니었어요. 불협화음과 협화음의 적절한 논리적 활용을 통해 듣는 사람들이 쾌감을 느끼도록 작곡했다고 해요. 그렇게 드뷔시는 '전통적 음악'에서 완전히 탈피해 20세기 '현대음악'을 이어주는 징검다리의 역할을 한 작곡가로 역사에 남게 됐습니다. 그래서 그의 음악을 처음으로 접한다면 예상치 못한 쾌락을 느낄 수 있죠.

눈앞에 그림이 그려지는 듯한 음악

드뷔시가 본격적으로 자유로운 음악적 형태를 만들기 시작한 것은 인상주의 미술가들, 시인들과 어울린 시점부터입니다. 드뷔시가 25살이던 1887년, 당시 그는 인상주의 예술가들과 어울리며 전통적인 표현 기법을 거부하고 자연의 모습을 표현하는 인상주의(빛에 의해 변화하는 자연과 사물의 색과 모습을 색감, 질감, 색조에 중점을 두어 묘사하고자 했던 프랑스 근대 미술의 한 갈래)의 영향을 깊게 받게 되죠.

하지만 드뷔시 자신은 스스로 상징주의자에 가깝다고 여겼어요. 자연물이나 사물을 있는 그대로 묘사하는 것이 아닌 주관적 감정을 음악으로 표현하는 데 중점을 두었기 때문이죠. 실제로 상징주의자들과도 많은 접촉을 가졌습니다.

그럼에도 드뷔시의 음악을 감상해보면 마치 한 폭의 그림을 감상하듯 눈앞에 특정 장면이 그려지는 느낌을 받습니다. 그래서 현재까지도 드뷔시는 인상주의 음악가로 분류됩니다.

그 대표적인 곡이 바로 여러 광고 음악으로도 활용됐던 드뷔시의 〈달빛〉입니다. 〈베르가마스크 모음곡〉 3악장으로, 상징주의 시인 폴 베를렌의 시집 《화려한 축제》 중 첫 번째 시 〈달빛〉에서 영감을 얻어 작곡한 것으로 알려졌지요. 이 곡은 셈여림 중 '매우 여리게(pp)'가 자주 등장해, 매우 섬세하게 그림을 그리듯 연주하는 게 중요한 곡입니다. 그리고 매우 여리게 표현된 첫 두 음만 들어도 밤하늘 세계로 떠나는 듯한 느낌이 들어요.

자유로운 영혼이 만든
열정의 결과물

드뷔시의 대표곡 두 곡도 함께 들어보면 좋을 것 같아요. 바로 오케스트라를 위한 곡인 〈목신의 오후 전주곡〉과 피아노 곡인 〈기쁨의 섬〉입니다.

〈목신의 오후 전주곡〉은 프랑스 상징주의 시인 스테판 말라르메의 시 〈목신의 오후〉에서 영감을 받아 작곡됐어요. 드뷔시가 인상주의라는 음악 장르를 개척했다고 인정받은 작품으로, 하프, 플루트, 오보에, 호른 등의 관악기 음색에 비중을 두어 신비로운 색채감과 몽환적인 분위기를 표현한 곡입니다.

시의 내용은 이렇습니다. 햇살이 뜨겁게 내리쬐는 시칠리아 초원의 나무 그늘에서 졸고 있던 목신이, 목욕하는 물의 요정 님프를 나뭇가지 사이로 보고 반해 꿈인지 현실인지 구분하지 못합니다.

음악을 듣고 난 후 장면을 떠올려보세요. 어떤가요? 시의 내용이 여러분이 음악을 듣고 직접 떠올린 장면과 비슷한가요? 전 곡의 배경을 모르고 감상했을 때는 평화롭고 신비로운 숲속의 동물들이 떠올랐는데요. 이런 관능적인 배경이 있다는 것을 알고는 당황했던 기억이 생생합니다.

그렇다면 〈기쁨의 섬〉은 어떤 배경을 지녔을까요? 이 곡은 드뷔시의 후기 작품으로, 1904년에 작곡됐습니다. 제목답게 음악도 생동

프랑수아 부셰, 〈목신 판과 시링크스〉

드뷔시가 영감을 받은 명화, 장 앙투안 바토의 〈키테라섬으로의 순례〉

감이 넘치고 환상적인 느낌이 가득하죠.

이 곡의 배경을 제대로 알기 위해 희대의 바람둥이 드뷔시의 사랑 이야기를 살펴볼 필요가 있습니다. 이미 숱한 스캔들로 유명했던 드뷔시는 '릴리'라는 이름의 모델과 4년의 결혼 생활을 이어가던 중 자신이 가르치던 학생의 어머니인 소프라노 '엠마'와 사랑에 빠집니다. 그녀 또한 이전에 포레라는 유명 작곡가와 바람이 난 전력이 있었죠. 1904년 여름, 드뷔시는 엠마와 함께 섬으로 밀월여행을 떠납니다. 그때 만든 곡이 바로 〈기쁨의 섬〉이에요.

〈기쁨의 섬〉은 루브르 박물관에 전시된 작품인 〈키테라섬으로의 순례〉를 보고 영감을 받았다고 알려져 있습니다. 키테라섬은 고대 그리스의 사랑의 신 비너스가 살던 섬으로, 연인들이 그 기운을 받기 위해 방문했다는 곳이죠. 즉, 〈기쁨의 섬〉은 명화와 엠마에게 느낀 사랑의 기쁨을 표현한 곡입니다.

피아노의 음이 또르르 떨리는 듯한 '트릴'로 곡이 시작됩니다. 그러곤 이리저리 사랑의 요정이 날아다니듯 자유로운 멜로디가 들려오죠. 곡의 중간에 서정적인 음색이 들려오다, 끝으로 갈수록 행복이 절정에 달하는 듯 웅장하게 사랑을 노래합니다.

드뷔시는 키테라섬에서 아내 릴리에게 편지를 보내 이혼을 통보합니다. 충격을 받은 릴리는 결국 자신의 가슴에 총을 쏩니다. 드뷔시와 결혼 5주년을 앞둔 순간이었어요. 다행히 릴리는 살아남았으나, 이 모든 소동은 대중들에게 소문이 납니다. 결국 이 바람둥이 커

플은 비난의 대상이 됐고, 그들은 잠시 영국으로 도피하기도 했죠. 결국 1905년, 드뷔시와 엠마는 각자의 배우자와 이혼한 후 딸을 낳아 함께 살았답니다.

드뷔시는 자신의 삶처럼, 자유로운 음으로 기존에 당연하게 여겨졌던 음악적 풍토와 체계에 도전했습니다. 기존 체제에 반하는 것은 자신의 능력에 대한 굳건한 신뢰와 용기가 바탕이 되어야 가능하죠. 그는 예술에 대한 확고한 철학과 미적 기준 그리고 예상을 뒤엎는 아름답고 몽환적인 음악으로 인상주의를 대표하는 위대한 음악가가 되었습니다.

드뷔시는 그에게 불어닥친 수많은 사랑의 풍경을 음악으로 표현하며, 열정적으로 그 순간에 충실했어요. 그의 음악을 들을 때 많은 사람이 곡에 빠져드는 건 바로 이런 이유 때문 아닐까요?

Classic Playlist

·· 〈꿈〉 마치 신비로운 숲속의 잠자는 공주 혹은 왕자가 된 듯한 착각이 드는 곡입니다. 제목처럼 '꿈'이나 '몽상'과 잘 어울리는 분위기를 느낄 수 있어요.

·· 〈서풍이 본 것〉 유럽의 서풍은 거센 특성이 있다는데요. 거침없이 휘몰아치는 서풍의 신을 표현한 곡으로 알려져 있습니다. 드뷔시는 후기로 갈수록 이 곡처럼 더욱 난해한 화성을 사용했는데, 신기하게도 그 속에서 특유의 선율이 들려와 흥미롭습니다.

가슴이 벅차오르는
명곡의 탄생기

세르게이 라흐마니노프
1873~1943년

국적　러시아→미국
사조　후기 낭만주의
대표곡　〈피아노 협주곡 2번〉, 〈교향곡 2번〉, 〈피아노 협주곡 3번〉

+ 라흐마니노프는 러시아 후기 낭만주의 작곡가이자 피아니스트로, 서정적인 멜로디와 풍부한 감정 표현으로 유명합니다. 감성에 빠지고 싶은 날이라면 무조건 들어야 할 그의 음악! 아름다운 선율은 입덕의 첫 번째 이유죠.

+ 라흐마니노프는 첫 번째 교향곡의 실패로 엄청난 슬럼프를 겪습니다. 하지만 스스로 극복하고 〈피아노 협주곡 2번〉과 〈교향곡 2번〉 등을 성공시킵니다.

+ 라흐마니노프의 피아노 협주곡을 들을 때 가슴이 벅차오르는 이유는 뭘까요? 그의 피아노 협주곡은 굉장히 어려운 테크닉을 요하는데, 화려한 연주 기교에 더해 오케스트라와 피아노가 멜로디를 주거니 받거니 상호작용하며 극적 효과를 만들기 때문입니다.

𝄢

2022년 6월 17일, 18세 한국 소년이 세계적인 피아노 콩쿠르 '제16회 반 클라이번 국제 피아노 콩쿠르'에서 우승을 거머쥐었습니다. 그가 바로 피아노계의 어린 거장 임윤찬입니다. 특히 그가 마지막 결승에서 연주한 라흐마니노프의 〈피아노 협주곡 3번〉은 유튜브 조회 수 약 1,500만 회라는 클래식계 전무후무한 기록을 세우며, 이 곡을 더욱 알리기도 했답니다. 흥미롭게도 콩쿠르의 이름을 딴 피아니스트 반 클라이번 역시 1958년 러시아에서 처음으로 개최된 '차이콥스키 국제 콩쿠르' 결승에서 같은 곡으로 우승을 차지했죠.

러시아 출신 작곡가이자 피아니스트 세르게이 라흐마니노프의 피아노 협주곡은 기술적, 음악적으로 연주하기 어려운 난곡으로 알려져 있습니다. 협주곡이란, 독주 악기와 오케스트라가 함께 연주하는 악곡을 뜻합니다. 예를 들어, '피아노 협주곡'이란 피아노가 독주하고, 오케스트라가 반주하는 형태를 의미하죠. 그래서 많은 피아니스트가 유수의 콩쿠르 결승에서 자신의 기량을 선보이기 위해 라흐마니노프의 피아노 협주곡을 선곡합니다.

라흐마니노프의 피아노 협주곡 중 특히 2번과 3번은 현재까지도 많은 사랑을 받고 있습니다. 몇 년 전 진행된 KBS 〈클래식 FM〉의 조사에 의하면, 한국인이 가장 사랑하는 클래식으로 라흐마니노프의 〈피아노 협주곡 2번〉이 선정되기도 했죠. 그 이유를 추정해보자면, 그의 피아노 협주곡이 음악적 기교도 뛰어나지만 이와 함께 우울, 고뇌, 환희, 기쁨 등 인간의 깊고 복잡한 감정을 아우르는 깊이가 있기 때문일 것입니다.

하지만 이 명곡은 라흐마니노프의 정신적 고통과 상처로 인해 하마터면 세상에 나오지 못할 뻔했습니다. 라흐마니노프는 어떻게 어려움을 극복하고 시대의 명곡을 작곡할 수 있었을까요?

완벽한 실패가 부른
긴 슬럼프

라흐마니노프는 1873년, 러시아의 노브고로드 지역의 유복한 집안에서 태어났습니다. 재능 있는 피아니스트였던 어머니는 라흐마니노프의 재능을 발견하고 그가 피아노를 배울 수 있도록 전폭적으로 지원했어요. 1882년에 라흐마니노프는 상트페테르부르크 음악원에 장학생으로 입학했고, 1885년에는 피아니스트 사촌 형의 추천으로 모스크바 음악원에 진학하며 점차 작곡가의 길로 나아가기 시작했죠.

1890년, 불과 17세였던 라흐마니노프는 〈피아노 협주곡 1번〉을 쓰기 시작해서 2년 후 직접 솔로 피아노를 연주하며 성공적인 초연을 했습니다. 이는 엄청난 화제를 일으키며 피아니스트이자 작곡가로서 그의 이름을 알리는 계기가 됐습니다.

이미 10대에 화려한 성공을 거둔 라흐마니노프에게도 한 가지 풀지 못한 열망이 있었습니다. 바로 교향곡을 작곡하는 것이었죠. 교향곡이란, 관현악기와 타악기로 구성된 오케스트라를 위한 기악곡을 뜻합니다. 기악곡 중 가장 큰 규모의 형태이기에, 교향곡 창작은 작곡가로서 큰 업적을 남길 중요한 기회이기도 합니다.

22세의 나이에 그는 첫 번째 교향곡을 쓰기 시작합니다. 그리고 2년 뒤인 1897년, 알렉산더 글라주노프의 지휘 아래 라흐마니노프의 〈교향곡 1번〉이 발표됐죠. 그러나 초연은 음악 비평가들에게 신랄한 비판을 받습니다. 심지어 한 비평가는 "이집트의 7가지 재앙에 관한 교향곡을 쓰라는 과제를 받았다면 이 교향곡이 제격일 것이다"

피아노와 함께 있는 라흐마니노프

라며 혹평을 하기도 했어요.

〈교향곡 1번〉의 실패에 관해서는 여러 추측이 있는데 누군가는 오케스트라의 무능을 언급했고, 지휘자가 곡을 제대로 표현하지 못했다고 지적하기도 했죠. 심지어 글라주노프가 취한 상태로 지휘했을 거라는 비평도 존재했습니다. 원인이 무엇이든, 초연이 완벽한 실패로 끝났기에 라흐마니노프는 큰 충격에 시달리며 슬럼프에 빠집니다.

이후 라흐마니노프는 3년 동안 단 하나의 음표도 그리지 못합니다. 우울감에 시달린 것은 물론 창작에 대한 자신감까지 완전히 상실했죠. 결국 라흐마니노프는 작곡을 뒤로한 채 피아니스트로 활동하며 명성을 높여나갔습니다.

그러나 시간이 지날수록 작곡에 관한 불씨는 다시 피어올랐습니다. 그럼에도 첫 번째 교향곡의 처참한 실패에 대한 기억으로 새로운 음표를 그리는 데는 여전히 주저했죠. 자신을 잃고 우울감에 시달리던 라흐마니노프는 모스크바의 유명한 의사 니콜라이 달 박사를 찾아가 최면 치료를 받게 됩니다. 그리고 효과적인 심리 치료 덕분에 비로소 자신감을 회복할 수 있었습니다.

그는 치유된 직후, 피아노 협주곡을 작곡하기 시작했습니다. 그 곡이 바로 〈피아노 협주곡 2번〉입니다. 모스크바에서 초연을 들은 관중들의 반응은 매우 폭발적이었죠. 이를 계기로 라흐마니노프는 자신감을 완전히 회복했고, 그 감사함을 담아 달 박사에게 이 곡을 헌정했습니다.

회복의 여정을
피아노에 담다

만약 라흐마니노프가 슬럼프를 이겨내지 못했다면 어땠을까요? 창작에 대한 열망이 완전히 식어 피아니스트로만 활동했다면 우리는 그의 명곡들을 만나기 어려웠을 겁니다.

라흐마니노프의 〈피아노 협주곡 2번〉은 특히나 정신적으로 힘들었던 그의 심리 상태를 잘 보여주는데요. 1악장의 도입부는 외롭고 조용한 피아노의 솔로로 시작되어 점차 고조되다가, 오케스트라가 살며시 주제 멜로디를 연주하기 시작합니다. 어둡고 깊은 슬픔 이후에 진행되는 로맨틱한 멜로디와 처절한 클라이맥스 부분이 교차하며 강렬한 긴장감을 유지합니다. 그에 반해 2악장은 플루트과 클라리넷이 아름답고 로맨틱한 선율을 부드럽게 연주하며 시작됩니다. 몽환적인 느낌을 자아내 마치 최면에 빠져 여러 기억을 되새기는 느낌이 들죠. 특히 이 곡의 2악장은 수많은 영화 음악에 사용됐어요.

뒤이은 3악장은 복잡한 춤곡풍의 리듬으로 시작됩니다. 사이사이 들려오는 주제 멜로디는 앞선 멜로디와 달리 무언가를 극복하겠다는 결연한 의지를 보입니다. 3악장의 마지막 부분은 내면의 고통과 처절함을 점차 극복하고 옭아맨 것들로부터 해방되는 느낌을 주는데요. 그 절정의 순간을 통해 라흐마니노프가 트라우마를 극복하고 비로소 자신감을 회복해나간 과정이 떠오릅니다.

전체 악장의 흐름이 마치 영화처럼, 한 사람의 복잡한 서사와 감정의 변화를 보여주는 듯합니다. 그래서 〈피아노 협주곡 2번〉만큼은 전 악장을 꼭 감상하길 권합니다. 감상할 때는 라흐마니노프의 생애를 떠올리는 것도 좋고, 내가 가진 상처나 트라우마를 극복한 경험을 떠올리는 것도 깊이 있게 음악을 내면화하는 데 도움을 줄 것입니다.

죽을 때까지 돌아오지 못한 고국을 그리며

작곡가로서 성공적인 커리어를 이어 나가던 라흐마니노프는 혼란한 러시아 사회로 인해 고국을 떠나야 하는 상황에 처합니다. 19세기 러시아는 한 지도자가 국가 권력을 장악하는 전제정치를 기반으로 근대화를 추진하던 매우 혼란한 시기였습니다. 여러 급진적 개혁이 일어났지만, 사회계층 간의 불균형을 더욱 극대화하는 결과를 낳았죠. 19세기 후반에는 과학기술의 발전과 복잡한 외교 갈등으로 인해 국민들의 불안감이 더욱 높아져만 갔습니다. 결국 1914년 제1차 세계대전이 발발했고, 전쟁은 러시아 정부의 부패와 무능력이 드러나는 계기가 됐습니다. 군수품이 부족했고, 전투마다 패배했기 때문이죠.

1917년 2월, 결국 러시아혁명이 일어납니다. 전쟁 중단을 주장했던 레닌을 중심으로 11월 혁명이 성공했고, 소비에트사회주의공화

국연방이 탄생합니다. 이 혼란기는 라흐마니노프가 러시아를 떠나는 데 직접적인 영향을 미쳤습니다. 그는 결국 가족들과 덴마크 코펜하겐으로 떠난 후, 미국으로 건너갑니다.

라흐마니노프는 러시아의 정치에 관심이 없었습니다. 안전한 장소에서 자신의 음악을 펼쳐나가는 데 온 신경이 집중되어 있었죠. 고국을 떠난 라흐마니노프는 미국과 유럽을 오가며 활발히 연주 활동을 했습니다. 그러나 고향에 대한 향수 때문일까요? 그는 작품에 어린 시절 경험과 러시아 특유의 민속 특징을 담아냈습니다. 가창곡에는 러시아어로 이루어진 시를 활용하는 등 고국에 대한 애정을 보이기도 했습니다.

하지만 그는 죽을 때까지 고국 땅을 다시 밟지 못합니다. 정치에 관심 없던 그가 1931년, 소련 체제에 공식적으로 반대하는 입장을 내면서, 라흐마니노프의 모든 작품이 소련에서 연주되지 못하도록 규제되었거든요. 결국 1935년, 라흐마니노프는 미국의 시민이 되는 길을 택합니다.

호로비츠와의
특별한 우정

라흐마니노프가 미국에 망명하기 전이었던 1909년, 그는 미국 투어를 위해 특별한 곡을 작곡했습니다. 바로 매우 어렵기로 악명 높은 라흐마니노프 〈피아노 협주곡 3번〉입니다. 이 곡은 고난이도의 기교를 필요로 했기에 초연 당시 곡 자체보다 라흐마니노프의 피아노 실력이 더욱 주목받을 정도였어요.

그는 친한 친구이자 피아니스트 요제프 호프만에게 이 곡을 헌정했는데요. 흥미롭게도 호프만은 연주를 거부했습니다. 라흐마니노프처럼 손이 크지 않아 넓은 음역을 연주하기 어렵다는 이유였죠. 라흐마니노프는 유독 손이 커서, 그가 작곡한 곡들은 넓은 음역을 포함한 기교를 요구했습니다. 오죽하면 라흐마니노프의 큰 손을 풍자한 재미있는 개그 공연이 있을 정도였답니다.

라흐마니노프는 미국 망명 이후, 특별한 인연을 만납니다. 1928년 미국에 막 도착한 러시아 출신 피아니스트 블라디미르 호로비츠를 만나게 된 것이죠. 20세기 최고의 피아니스트로 평가받는 호로비츠는 수많은 피아니스트가 꺼렸던 라흐마니노프의 〈피아노 협주곡 3번〉을 완벽하게 연주해냅니다. 이를 감상한 라흐마니노프는 호로비츠에게 아낌없는 찬사를 보냈죠. 심지어 호로비츠에 대한 무한한 존경의 표시로 해당 협주곡에 대한 수정 권한을 주기도 했습니다. 그래서 호로비츠 연주의 카덴차 부분을 감상하면, 다른 연주와는 다른 버전임을 알 수 있습니다.

카덴차란, 협주곡에서 오케스트라가 반주를 멈추고 독주 악기가 홀로 기량을 발휘하는 부분을 말합니다. 반 클라이번 콩쿠르에서 임윤찬이 호로비츠 버전의 카덴차를 연주하면서, 실제 호로비츠의 연주와 비교 분석되며 화제가 되기도 했죠.

호로비츠와 라흐마니노프의 인연은 죽음이 다가올 때까지 이어졌습니다. 라흐마니노프는 결국 고국으로 돌아가지 못한 채 미국에서 눈을 감았지만, 호로비츠는 1986년, 61년 만에 조국인 소련에서 첫 연주를 합니다. 라흐마니노프가 끝내 하지 못했던 고국에서의 연주를 호로비츠가 대신한 셈이었죠. 미국과 소련이 정치적으로 첨예했던 냉전 시기였기에 당시 호로비츠의 연주는 단순한 리사이틀, 그 이상의 의미였을 것입니다. 그의 나이 83세, 생의 마지막일지 모를 고국의 연주 홀에서 호로비츠는 〈트로이메라이〉를 연주하며 눈물을 쏟았다고 합니다.

호로비츠는 그의 특별한 친구 라흐마니노프에 대해 이런 말을 남기기도 했답니다.

월트 디즈니와 함께 있는 라흐마니노프(왼쪽)와 블라디미르 호로비츠(오른쪽)(1942)

"라흐마니노프는 나의 가장 친한 친구였어요. 그는 세상에서 가장 훌륭한 작곡가이자, 피아니스트이자, 지휘자였습니다."

라흐마니노프의 굴곡진 생애와 정서는 음악에 고스란히 담겨 여전히 수많은 사람에게 위로를 전하고 있습니다. 그의 음악에 대한 열정은 낭만주의 음악의 절정을 장식하고도 남았답니다.

Classic Playlist

·· **〈첼로와 피아노를 위한 소나타 Op.19〉 3악장** 라흐마니노프가 현악기를 위해 작곡한 유일한 소나타입니다. 아마추어 바이올린 연주자인 저로서는 매우 빼앗고 싶은 곡 중 하나죠. 특히 3악장 첼로의 감미로운 선율과 전반적인 분위기를 담당하는 피아노의 음색이 매우 아름답습니다.

·· **〈두 대의 피아노를 위한 모음곡 2번〉 '왈츠'** 이 악장은 세 개의 파트로 이루어져 있는데, 특히 연주 중간에 두 피아노가 서정적으로 노래하는 부분이 좋아서 이 곡을 1,000번 정도 반복해서 듣기도 했답니다.

·· **〈악흥의 순간 Op.16 4번〉** 낮은 음역의 피아노가 긴박하게 몰아치면서 어둠의 멜로디를 시작하는 도입부가 청중을 사로잡는 곡입니다. 이 곡은 라흐마니노프가 지갑을 도둑맞은 후 작곡했다는 설도 있죠. 그래서인지 왜인지 모를 분노도 느껴지는 것 같고요.

Part 2 - Playlist

Part 2

알고 들으면 더 재미있는
클래식 비하인드

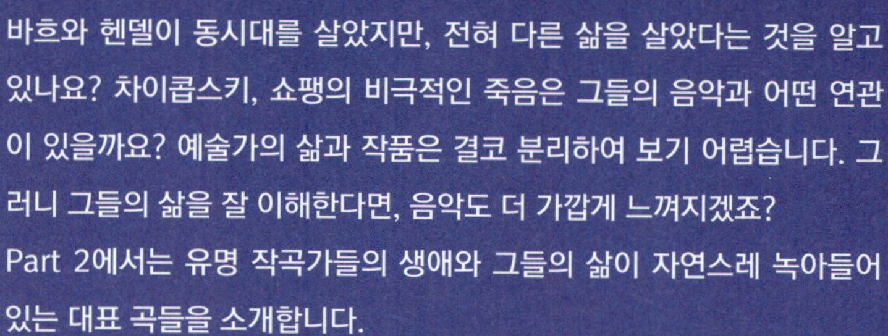

바흐와 헨델이 동시대를 살았지만, 전혀 다른 삶을 살았다는 것을 알고 있나요? 차이콥스키, 쇼팽의 비극적인 죽음은 그들의 음악과 어떤 연관이 있을까요? 예술가의 삶과 작품은 결코 분리하여 보기 어렵습니다. 그러니 그들의 삶을 잘 이해한다면, 음악도 더 가깝게 느껴지겠죠?
Part 2에서는 유명 작곡가들의 생애와 그들의 삶이 자연스레 녹아들어 있는 대표 곡들을 소개합니다.

그가 없었다면
세기의 명곡들이 탄생했을까?

요한 제바스티안 바흐
1685~1750년

국적　독일
사조　바로크 음악
대표곡　〈관현악 모음곡 3번〉 2악장,
　　　　〈두 대의 바이올린을 위한
　　　　협주곡〉 2악장, 〈파르티타
　　　　2번〉 5악장 '샤콘느'

+ 바흐는 바로크 시대를 대표하며 푸가, 대위법 등 견고한 음악적 형식을 정립했어요. 그가 없었다면 이후 세기의 명곡을 만들어낸 수많은 음악가가 탄생하기 어려웠을 것입니다. 괜히 '음악의 아버지'라는 별명이 붙은 것이 아니죠.

+ 독일 토박이로서 여행을 좋아했던 동시대의 음악가 헨델과 달리 바흐는 독일에서만 교회 음악가로 활동했어요. 워낙 활동 반경이 좁았기에 그의 음악은 역사 속으로 사라질 뻔했지만, 낭만주의 음악가 멘델스존이 100년 동안 묻혀 있던 바흐의 음악을 발견하면서 세상에 알려지게 됐죠.

+ 교회 음악가였던 만큼 종교적 색채가 짙은 음악을 주로 작곡했는데요. 그 외에도 〈관현악 모음곡〉과 같이 악기 중심의 세속 음악도 많이 작곡했습니다. 그중 대표적인 곡이 〈G선상의 아리아〉로도 알려진 〈관현악 모음곡 3번〉 2악장입니다.

'바로크'라는 단어를 들으면 어떤 이미지가 떠오르나요? 저는 웅장하고, 거대하며, 화려한 장식으로 가득한 '베르사유의 궁전' 같은 이미지가 떠오릅니다. 바로크란 포르투갈어인 '바로코(Barroco)'에서 유래한 단어로, 일그러지고 찌그러진 진주를 의미합니다. 찌그러졌다니! 좋은 의미로 들리지는 않죠? 이는 바로 이전의 균형 있고 조화로운 고전 양식을 깨고, 풍부하지만 과장되고 장식이 많아 불균형한 양식으로 보인다고 생각한 사람들이 지은 이름이기 때문입니다.

바로크 시대는 불쑥 찾아온 게 아닙니다. 콜럼버스의 아메리카 신대륙 발견, 우주가 지구를 중심으로 돌지 않는다는 것을 발견한 코페르니쿠스의 출연과 사상가 데카르트와 로크의 인간 존재에 대한 재발견, 가톨릭에 대한 비판에서 시작된 종교개혁, 그리고 발전하는 과학과 기술…. 이렇게 사람들이 세상은 넓고 다양한 문화가 존재한다는 것을 깨닫기 시작하면서 등장하게 되었죠. 예술가들 또한 서로 활발히 문화 교류를 하는 과정에서 바로 바로크 음악이 생겨났습니다.

바로크 음악의 가장 큰 특징은 사람의 목소리와 종교 중심으로 형성된 음악에서 벗어나, 기악 음악과 오페라와 같은 세속 음악이 발달하기 시작했다는 점입니다. 그럼에도 많은 음악가는 생계를 유지하기 위해 직장인처럼 특정 귀족이나 교회를 위해 일해야 했죠. 이렇게 만들어진 사회적 구조 안에서도 음악가들은 자신만의 개성을 표현하기 시작했습니다.

바로크 시대의 음악을 대표하는 사람이 바로 음악의 아버지 요한 제바스티안 바흐입니다. 그가 어느 정도로 시대를 대표하는가 하면, 바로크 시대의 음악이 막을 내린 시점을 바흐가 서거한 해인 1750년으로 잡습니다. 그만큼 그는 후대 음악가들에게 굉장한 영향력을 끼친 인물입니다. 하지만 한 유능한 음악가의 안목이 아니었다면 그의 음악은 영원히 묻힐 뻔했답니다. 과연 그의 음악이 발견된 데는 어떤 사연이 있었을까요?

그가 '음악의 아버지'가
된 이유

현시대에 비유하자면, 바흐는 교회 음악의 전반을 담당하는 사람이었습니다. 평생 해외에 단 한 번도 나가지 않고 독일에만 거주하며 열심히 일한 직장인이었죠. 동시대에 여기저기 여행 다니길 좋아하던 사업가 헨델과는 정반대의 삶을 살았답니다. 바흐는 오르간을 연주하고 예배 음악을 작곡하면서, 오케스트라와 합창단을 이끄는 음악 감독의 역할을 했습니다. 그래서 바흐가 작곡한 대부분의 악곡이 교회 칸타타와 같은 종교음악이었죠.

음악 창작에 대한 열망도 높고, 신앙심이 깊었던 바흐의 직업 만족도는 아주 높았습니다. 그도 그럴 것이 바흐가 1723년 라이프치히 성 토마스 교회에 정착한 뒤에는 음악 감독으로 27년이나 일했으니 말이에요.

또 그의 신앙심은 악보를 통해서도 확인할 수 있는데요. 악보의 앞 장에는 '예수여, 도움을 주소서'라는 라틴어의 앞 글자를 따서 'J. J'라는 약어를 썼고, 악보의 맨 끝에는 '예수님 이름으로'의 앞 글자를 따서 'I. N. J'라는 약어를 쓰곤 했죠.

혹시 독일에서 교회 음악가로 평생을 산 바흐의 인생이 다소 지루해 보이나요? 첫 번째 아내와는 7명의 자녀, 첫 아내와의 사별 후 두

약어 'J. J'가 쓰인 바흐의 친필 악보

번째 아내와 13명의 자녀, 총 20명의 자녀를 둔 바흐였기에 아마 삶이 그리 지루하지는 않았을 것입니다.

바흐는 바로크 시대의 대표 음악가답게, 종교와 관련 없는 세속 음악도 많이 창작했습니다. 특히 성악 중심의 창작이 주류였던 이전 시대와 달리 바흐는 악기 중심의 수많은 기악곡을 창작했죠. 또 여행을 다니진 않았지만, 프랑스나 이탈리아에서 유행하는 양식을 받아들여 음악에 녹여내기도 했습니다.

대표적인 곡이 바로 〈관현악 모음곡 3번 BWV.1068〉입니다. 제목이 낯설다고요? 사실 이 곡의 2악장이 바로 〈G선상의 아리아〉로 익히 알려진 곡으로, 〈G선상의 아리아〉라는 이름은 후대에 한 바이올리니스트가 바이올린 독주를 위해 편곡한 버전의 이름입니다. 바이올린의 가장 낮은 음역을 연주하는 줄인 'G선'만 활용하여 연주하도록 편곡됐기에 제목에 'G선상'이라는 이름이 붙은 것이죠.

이 관현악 모음곡은 바흐가 당시 프랑스에서 유행한 음악의 양상을 반영한 만큼, 루이 14세 시대의 사치스러움과 화려함이 느껴지는 곡입니다. 2악장을 들을 때면 마치 예쁜 찻잔에 담긴 차를 우아하게 음미하며 들어야 할 것 같은 느낌이 들어요. 바흐의 연주 중 가장 추천하는 버전은 '네덜란드 바흐 소사이어티'의 연주인데요. 실제 바로크 시대에 사용된 악기와 주법을 사용하여 연주했기 때문에, 시간 여행을 하며 연주를 감상하는 기분이 듭니다.

한 음악가가 바흐의 진가를
알아보지 못했더라면

바흐는 바로크 이후 고전주의 시대의 기틀을 마련한 중요한 작곡가입니다. 아마 바흐가 세상에 알려지지 않았다면 후대에 많은 명곡이 나오지 못했을 수도 있습니다. 바흐가 음악적으로 어떻게 기여했기에 이렇게나 칭송받는 걸까요? 그가 기여한 음악적 기법을 예시로 살펴보겠습니다.

두 명의 가수가 함께 노래를 부른다고 상상해봅시다. 보통 한 명이 멜로디를 부르면, 다른 한 명은 쉬거나 멜로디에 어울리는 간단한 화음 혹은 애드리브를 곁들여 부를 것입니다. 주요 멜로디가 더 돋보이도록 장식하는 역할로 말이죠. 그런데 만약 한 사람이 멜로디를 부르는데, 또 다른 사람이 멜로디를 얹어 부른다고 생각해볼까요? 뭔가 혼란스러울 것 같지 않나요? 두 개의 서로 다른 멜로디가 모여 조화로운 소리를 만든다는 것은 쉽지 않은 작업일 것입니다.

그런데 바흐가 이 어려운 작업을 해냅니다. 두 멜로디가 함께 연주되면서 조화로운 소리를 내는 '대위법'이라는 기법을 정립한 것이죠. 철저히 수학적이고 화성적인 계산을 통해 대위법을 정립하고, 이를 악곡에 많이 적용한 것입니다.

대위법이 무엇인지 이해가 잘되지 않는다면 바흐의 〈두 대의 바이올린을 위한 협주곡 BWV.1043〉을 들어보는 게 좋습니다. 두 대의 바이올린이 서로 다른 멜로디를 연주하면서도 조화로운 소리를 만들어내죠. 특히 2악장은 아름다운 멜로디를 활용해 서로 질문하고 응답하는 듯이 아름다운 화성을 만들어내는 게 일품입니다.

하지만 이런 바흐의 진가를 동시대 사람들은 알지 못했습니다. 바흐는 독일을 벗어나 여행을 다니며 자신의 곡을 알리지 않았을 뿐더러, 대위법이나 푸가(Fuga)와 같이 바흐가 정립한 체계를 복잡하게 여기는 사람들도 적지 않았으니까요.

그렇게 바흐는 시간이 흐를수록 사람들의 기억에서 잊혔습니다. 그가 죽은 후, 생계가 어려워진 그의 자녀들은 아버지의 악보를 싼값에 팔며 생활비를 벌어야 했죠. 그렇게 100년이나 묻혔던 바흐의 음악을 세상에 알린 위대한 음악가가 있었으니, 그가 바로 작곡가 펠릭스 멘델스존입니다.

이미 작곡가로 활동하고 있던 멘델스존은 15살이 되던 해에 할머니로부터 바흐의 〈마태 수난곡〉 악보를 선물 받았습니다. 그 순간 그는 바흐의 매력에 흠뻑 빠져버렸죠. 멘델스존은 지나치게 긴 종교적

1829년 〈마태 수난곡〉 공연을 통해
바흐 음악에 대한 관심을 되살린 멘델스존

인 곡을 공연하는 것은 무리라는 주변의 만류에도 불구하고 바흐의 음악을 연주했습니다. 그리고 우려와 달리 공연은 매우 성공적이었어요. 사람들은 부드럽고 섬세하면서도 강한 감동이 밀려오는 음악에 열광한 것입니다.

이후에도 멘델스존은 바흐의 사라진 악보를 찾아내 알리거나, 그의 음악을 홍보하는 데에 열정을 다했습니다. 만약 멘델스존의 안목으로 인해 바흐가 발견되지 못했다면 음악의 미래는 지금과 달라지지 않았을까요?

수많은 음악가의
교과서가 되다

바이올린을 연주하는 사람들에게 '바이올린계의 성경책'이라고 불리는 곡이 있습니다. 바로 〈파르티타 2번〉 5악장 '샤콘느'입니다. 대학교 3학년 재학 시절, 정경화 바이올리니스트가 〈무반주 소나타〉와 〈파르티타〉를 연주한다는 소식을 듣고 연주회장으로 향했던 기억이 있습니다. 압도적인 연주에 흠뻑 몰입할 수밖에 없었죠.

바흐가 이 곡을 만든 계기라고 알려진 이야기가 있습니다. 1720년, 바흐가 한 대공을 수행하기 위한 독일의 카를스바트 지역을 여행하던 중 그의 첫 번째 아내 마리아 바르바라가 죽음을 맞이합니다. 여행을 떠날 때만 해도 건강했던 아내의 갑작스러운 죽음에 바흐는 깊은 슬픔에 잠길 수밖에 없었죠.

바흐는 이 깊고 복잡한 감정을 예술로 승화했습니다. 단순히 슬픈 감정을 압축해 표현하는 것을 뛰어넘어, 찬송가를 바탕으로 한 변주곡인 〈파르티타〉 내의 한 악장으로 승화함으로써 음악에 영적인 힘까지 담아내었죠. 그렇게 '샤콘느'가 만들어졌을 거라는 설이 유력합니다.

약 15분 정도 길이의 '샤콘느'는 크게 세 부분으로 나뉘어 있습니다. 비극적이고 처절하면서도 고통을 묵묵히 감내하는 듯한 첫 단조 부분을 지나, 슬며시 시작되는 신성한 장조 부분으로 연결됩니다. 그리고 다시 어둠으로 돌아가는 단조 부분으로 끝을 맺지요.

개인적으로 '샤콘느'를 수없이 자주 들었는데요. 특히 정경화의 연주는 듣는 내내 숨이 벅찰 정도였습니다. 특히 7분 정도가 지나 시작되는 장조 부분에서는 커다란 성당에서 은은히 빛나는 촛불, 아름다운 스테인드글라스, 높고 커다란 성당의 천장, 그리고 웅장하고 아름다운 오르간의 모습이 그려졌습니다. 그러고는 죽은 아내의 평안을 위해 기도하고 참회하는 듯한 바흐의 감정이 오롯이 가슴으로 전달되었지요. 이를 연주한 바이올리니스트 정경화는 이런 말을 남기기도 했습니다.

"지구에서 딱 하나 내놓을 음악가가 누구냐고 묻는다면 바흐입니

다. 감사하게 생각하는 것은 바흐의 걸작이 바이올린 곡이라는 겁니다. 〈파르티타 2번〉 '샤콘느' 말이죠."

바흐의 음악은 이처럼 수많은 음악가의 교과서가 되었습니다. 바흐의 음악을 발굴했던 멘델스존뿐만 아니라 모차르트, 베토벤, 쇼팽, 브람스 등 수많은 음악가에게 영감을 주었죠. 구조적이면서 정밀한 음악적 균형이 듣는 이로 하여금 왠지 모를 편안함을 줍니다. 그의 음악이 현재까지 닿을 수 있어 얼마나 다행인지 모르겠습니다.

Classic Playlist

·· **〈이탈리아 협주곡〉 3악장** 바흐가 이탈리아 출신 작곡가 비발디의 협주곡 양식을 받아 피아노 독주곡으로 표현한 곡입니다. 특히 3악장의 경쾌함과 통통 튀는 리듬은 금방 하루의 기분을 끌어올린답니다.

·· **〈골덴베르크 변주곡〉** 총 서른 개의 변주로 전체 길이가 약 50분에 달하는 긴 곡입니다. 첫 번째 주제를 들어보고 이후에는 마음에 드는 변주를 골라 듣거나, 순서대로 음미하며 찬찬히 감상해보세요. 전 웅장한 성당에서 연주하는 이 곡을 직접 감상해보는 것이 소원이랍니다.

·· **〈토카타와 푸가 BWV.565〉** 전문 오르가니스트였던 바흐인 만큼, 그의 오르간곡을 안 들어볼 수는 없겠죠? 이 곡은 도입부가 매우 유명합니다. 그러나 이후에도 웅장한 오르간의 화음과 선율이 끝없이 긴장과 이완을 반복하면서 단숨에 청중들을 매료시키죠.

대중 취향을 저격한
헨델의 음악 사업 성공기

게오르크 프리드리히 헨델
1685~1759년

국적	독일→영국
사조	바로크 음악
대표곡	오라토리오 〈메시아〉 중 '할렐루야', 오페라 〈리날도〉 중 '울게 하소서', 〈수상 음악 모음곡 2번〉 중 '알라 혼파이프'

+ 헨델은 바흐와 동시대를 살았던 바로크를 대표하는 독일 출신 음악가입니다. 바흐와 달리 여행하기를 좋아하며 오라토리오나 오페라와 같은 성악 중심의 대규모 악곡들을 많이 작곡했죠.

+ 헨델은 이탈리아를 여행하며 오페라에 대한 관심을 키웠고, 이후 자신이 작곡한 오페라를 선보일 기회를 찾아다녔죠. 그중 아리아 '울게 하소서'가 포함된 오페라 〈리날도〉가 가장 잘 알려진 곡입니다.

+ 헨델은 폭넓게 음악 활동을 펼칠 수 있는 영국이 마음에 쏙 들었습니다. 그래서 향후 영국으로 귀화한 후 여생을 보냈답니다. 〈메시아〉의 '할렐루야'처럼 장대한 구성과 화려한 관현악법을 지닌 헨델의 음악은 지금까지도 많은 사랑을 받고 있지요.

"할~렐루야! 할~렐루야!"

이 여덟 글자만 봐도 특정 멜로디가 자연스럽게 떠오르지 않나요? 혹시 머릿속에 수많은 합창 단원의 힘찬 노랫소리와 오케스트라의 음색이 상상되지는 않나요? 우리가 익히 알고 있는 이 음악은 게오르크 프레드릭 헨델이 작곡한 오라토리오 〈메시아〉 중에서 가장 많이 알려진 '할렐루야'라는 곡입니다. 오라토리오란 오케스트라와 합창단이 대규모로 함께 연주하는 종교적인 악곡으로, 웅장하면서 신성한 느낌을 자아냅니다.

헨델은 바흐, 비발디와 함께 바로크 시대를 대표하는 작곡가 중 한 명입니다. 바로크 음악의 전성기를 이끈 인물인 만큼 바흐와 생애가 자주 비교되곤 하죠. 둘은 1685년 같은 해에 독일에서 태어났지만 서로 다른 삶을 살았고, 음악적으로도 다른 기여를 했기 때문입니다.

한평생을 독일에서 교회 음악가로 살았던 바흐와 달리, 헨델은 독일을 벗어나 이탈리아와 영국 곳곳을 여행하며 다양한 사람과 환경, 음악을 접했습니다. 그 영향으로 당시 헨델의 음악은 바흐와 달리 사람들에게 널리 알려졌답니다. 또 추구하는 음악적 방향도 매우 달랐습니다. 바흐가 수학적으로 철저히 계산하듯 자신만의 음악 세계를 견고하게 쌓아갔다면, 사업가적 기질이 있던 헨델은 관중들에게 호응을 얻기 좋은 대중적인 음악을 작곡하고자 했습니다.

이렇게 헨델이 청중의 이목을 끄는 데 중점을 두어 작곡했기에, 바로크 음악을 처음 접한다면 그의 음악이 제격입니다. 중심이 되는 멜로디가 명확히 들려오기에 어렵지 않고, 부담 없이 즐길 수 있죠. 특히 헨델은 바흐가 단 한 곡도 작곡하지 않았던 오페라를 49개나 작곡했는데, 깊은 여운이 남는 아름다운 성악곡도 많이 남아 있습니다.

화려한 사업가, 여행가 그리고 음악가로 살아갔던 헨델. 그의 삶과 음악에는 수많은 에피소드가 숨어 있답니다. 그럼 다사다난했던 헨델의 음악 사업 성공기, 함께 만나봅시다.

'음악의 어머니' 오페라에 눈뜨다

바흐가 음악의 아버지라 불린다면, 헨델은 음악의 어머니로 불립니다. 가끔 하얗고 풍성한 가발로 인해 여자라는 오해도 받곤 하지만, 그는 호탕하고 활달한 남자 음악가이죠. 바흐는 아버지가 음악가였기에 자연스럽게 음악을 접하고 그 길로 나아갔지만, 헨델이 음악가가 되는 과정은 그리 순탄치 않았어요. 헨델의 아버지는 음악을 생업으로 삼는 것은 곧 굶어 죽는 길이라고 생각했기에 아들이 법률 공부를 하여 안정적인 직업을 갖길 바랐기 때문이죠.

그러나 이러한 아버지의 반대도 헨델의 음악적 열망을 꺾지는 못했습니다. 악기를 만지지도 못하게 했던 아버지를 피해 몰래 숨겨두었던 클라비코드를 연주하곤 했죠. 그는 아버지의 권유로 대학에서 법학을 공부했지만, 큰 관심이 없었기에 결국 1년 만에 그만둡니다. 그러곤 오페라가 왕성하게 발표됐던 독일의 함부르크로 건너가 남몰래 키워온 실력으로 음악 활동을 펼치기 시작합니다.

음악으로 돈벌이를 하면서부터 헨델의 사업가적 기질은 싹틉니다. 아마 굶어 죽을 줄 알았던 어린 아들이 음악으로 돈벌이를 수월하게 하는 것을 보며, 아버지는 자연스레 뜻을 굽히지 않았을까 합니다. 그리고 헨델은 함부르크에 있는 오페라단을 보면서 오페라 작곡에 대한 야망을 키워나가기 시작했습니다.

17세기 이탈리아 피렌체에서 시작된 오페라는 종합 무대 예술이라고 불립니다. 음악이 중심이면서도, 연극적인 요소가 포함되어 있기 때문이죠. 그래서 사용될 음악과 노래는 물론 스토리, 무대 의상, 연출 등 작곡가가 많은 부분을 고려해야 하고, 그만큼 관객들은 큰 재미와 즐거움을 얻죠. 오페라가 이탈리아에서 시작된 만큼 유럽에서는 자국의 오페라보다 이탈리아풍 오페라가 유행했기에, 헨델 또한 1706년부터 이탈리아 방방곡곡을 여행하며 오페라에 관해 깊이 공부합니다.

이탈리아 여행을 끝낸 후에는 독일 하노버의 요한 게오로그 선제후(選帝侯, 중세 독일에서 황제선거의 자격을 가진 제후, 왕족 등을 지칭)를 위한 궁정 악장 자리를 맡게 되었습니다. 그러나 헨델은 오페라를 자유롭게 선보이기 어려운 하노버의 환경이 답답하게 느껴졌어요. 그래서 얼마 안 가서 궁정의 후원하에 1년간 영국을 여행할 기회를 갖게 됩니다.

그때 헨델은 성공적으로 초연을 거둔 오페라 〈리날도〉를 작곡합니다. 이 오페라 〈리날도〉에는 우리에게 많이 알려진 아리아가 있는데요. 천상의 목소리를 위해 거세당한 남자 소프라노 '카스트라토'의 삶을 보여준 영화 〈파리넬리〉를 통해 널리 알려진 노래, '울게 하소서'입니다.

오페라의 성공을 좌우한
카스트라토

17세기에 새롭게 등장한 오페라가 유행하기 시작하면서, 노래를 훌륭히 해내는 성악가의 역할이 중요해졌습니다. 연극적 요소를 극대화하기 위해 배우들에게 호소력 짙은 발성, 화려한 장식음, 고음 등의 기교적인 역량을 요구했습니다. 또 당시에는 종교적인 이유로 성가대나 오페라에서 여성이 노래하는 것이 금지됐기에, 여성의 음역을 낼 수 있는 남성 소프라노가 필요했죠. 그렇게 18세기에 유행하기 시작한 가수가 바로 카스트라토입니다. 변성기가 오기 전에 거세하여 소프라노 음역의 소리를 낼 수 있도록 한 것이죠. 목소리는 그대로이지만 남성의 체격으로 힘 있고 뚜렷한 기교를 발휘할 수 있었기에 오페라 가수로 인기가 많았습니다.

헨델 또한 자신의 오페라를 위해 재능 있는 카스트라토를 구하는 일에 관심이 많았습니다. 심지어 카스트라토들이 오페라에 출연할 때 요구하는 금액이 너무 비싸서 그의 음악 사업에 큰 타격이 있기도 했답니다. 그만큼 실력 있는 카스트라토는 천문학적인 돈을 벌 수 있었습니다. 그래서 빈민가에서는 가난한 부모들이 재능 있는 아들을 카스트라토로 길러 일확천금의 기회를 얻고자 했죠.

18세기 카스트라토(왼쪽)의 모습을 묘사한 캐리커처

하지만 카스트라토로 성공하는 일은 낙타가 바늘귀로 들어가는 격으로 어려웠습니다. 이들은 어릴 적부터 혹독하고 엄격한 교육과정을 거쳐야 했고, 수많은 꾸밈음과 기교를 실수 없이 해내기 위해 피나는 연습을 해야 했죠. 게다가 호르몬의 불균형으로 인해 커다란 풍채에 비해 얇은 다리와 작은 머리를 지닌 기이한 체형으로 성장하는 경우가 많았답니다. 그래서 무대 위에서는 찬사를 받아도, 무대 밖 일상에서는 괴물 취급을 받는 기구한 운명에 처했죠.

이 중 역사에 기록된 카스트라토가 있습니다. 바로 영화 〈파리넬리〉의 주인공, 카를로 브로스키입니다. '파리넬리'는 그의 예명으로, 영화에서는 당시 카스트라토가 받아야 했던 차별과 수모, 부당한 대우 그리고 제대로 된 사랑조차 할 수 없는 운명을 다뤘습니다. 흥미롭게도 영화에서 헨델은 카스트라토를 오페라의 흥행을 위한 도구로만 여긴 악역으로 등장했죠.

파리넬리는 헨델로부터 수치스러운 언행을 당하고도 그의 음악을 노래하고 싶어 했습니다. 영화의 마지막 부분에서 파리넬리가 헨델의 악보를 훔쳐 노래한 부분이 큰 감동을 자아내는데, 그 곡이 바로 오페라 〈리날도〉에서 납치된 알미레나가 잔혹한 운명을 비탄하면서 부르는 아리아 '울게 하소서'입니다. 기구한 운명에 처한 파리넬리가 겪어야 했던 수많은 고난과 깊은 슬픔 그리고 음악에 대한 사랑이 마치 울부짖듯 헨델의 곡을 통해 전해집니다.

왕의 마음을
사로잡은 수상 음악

오페라 〈리날도〉가 영국에서 성공하자 헨델은 자신의 실력을 뽐내기 좋은 영국이 더욱 마음에 들었습니다. 답답한 독일로 다시 돌아가기가 싫을 정도였죠. 헨델은 독일 하노버의 게오로그 선제후에게 런던에서의 체류를 허락해달라고 요청했고, 언젠가 독일로 돌아간다는 조건으로 영국 체류를 허락받게 됩니다. 결국 여생을 영국에서 보내며 음악가로서 성공적인 삶을 살게 되었지만 말이죠.

그러던 중 헨델에게 여행을 허락한 게오로그 선제후가 영국의 국왕(조지 1세)으로 즉위하게 됩니다. 그리고 그는 국왕으로부터 흥미로운 제안을 받게 되죠. 바로 국왕이 참여하는 템스강 축제에 연주할 음악을 작곡하는 것이었습니다.

그는 이 제안을 받아들였고 그때 만들어진 곡이 바로 헨델의 〈수상 음악 모음곡〉입니다. 약 50명의 연주자가 템스강 위, 조지 1세가 타고 있는 배의 주변에서 연주했기 때문에 '수상 음악(Water music)'이라는 이름이 지어졌습니다. 이 연주는 야외에서 이루어졌기에 빵빵한 금관악기를 많이 배치하여 소리가 특별히 잘 들릴 수 있도록 구성했습니다.

이 곡의 탄생과 관련한 다른 일화도 있습니다. 헨델이 허가 없이 영국에서 오랜 기간 체류하자 국왕이 된 조지 1세가 분노했는데, 헨

카날레토가 그린, 템스강에서 벌어진 왕의 유람 행렬

델이 그 화를 풀어주기 위해 이 곡을 작곡했다는 설이죠. 하지만 이 이야기는 훗날 사실이 아니라고 밝혀졌답니다.

그 동기가 무엇이든 국왕은 헨델의 수상 음악이 마음에 쏙 들었나 봅니다. 이후 왕실의 뱃놀이에 사용된 음악 또한 헨델이 도맡아 작곡하게 됐으니까요. 템스강의 유유자적한 뱃놀이 풍경을 상상하며 헨델의 〈수상 음악 모음곡〉을 감상해보길 권합니다.

다양한 시도 끝에 나온 위대한 작품들

헨델은 영국 상류층이 선호한 이탈리아의 문화나 음악을 발전시킴으로써, 바로크 음악의 절정을 이끄는 데 영향을 줍니다. 청중의 관점에서 다양한 음악적 시도를 하며 수많은 위대한 작품을 세상에 내놓을 수 있었죠.

물론 영국에서 정치적인 이유로 헨델의 오페라나 음악을 비판하는 여론도 있었기에 그의 음악 사업이 늘 순탄치만은 않았습니다. 영화 〈파리넬리〉에도 헨델의 경쟁자 귀족들이 그의 음악을 모욕하는 장면이 나옵니다. 그러나 주인공 파리넬리는 귀족들을 위해 서커스처럼 기교만 화려하고 영혼 없는 음악을 노래하는 데 신물이 나 있었습니다. 그래서 마음을 울리는 헨델의 음악을 깊이 동경했던 것이죠.

그러고는 우연히 헨델에 대한 모욕을 들은 파리넬리가 이들의 면전에 대고 이렇게 말합니다.

"너에게 귀가 있다는 게 아깝다. 훗날 네 놈의 존재를 아무도 기억하지 않을 때, 헨델의 이름은 영원히 남을 것이다."

그의 말처럼, 헨델은 바흐와 함께 바로크 음악을 대표하는 음악가로서 현재까지도 이름을 남길 수 있었습니다. 당대 왕과 귀족은 물론 파리넬리조차 그의 음악을 흠모했습니다. 그리고 오늘날까지도 여전히 헨델의 음악이 사랑받고 있는데요. 고된 삶을 살아가는 현대인들에게 그의 음악이 단순하면서도 강력한 위로를 전하기 때문 아닐까요?

·· **'그리운 나무 그늘이여'** 저는 삶이 고달플 때 작고 소중한 것에도 감사함을 느끼고자 노력합니다. 좋은 날씨, 맑은 공기, 아름다운 풍경과 같은 자연을 마음껏 느낄 수 있다는 것이 얼마나 감사한지 모릅니다. 이 곡은 헨델의 오페라 〈세르세〉에 나오는 아리아로 페르시아의 왕 세르세가 시원한 그늘을 내어주는 나무를 향해 부르는 노래입니다. 나무, 그늘, 서늘함과 같이 너무나도 당연하게 누릴 수 있는 소재들이 아름다운 음악으로 탄생할 수 있다는 게 매번 경이롭습니다.

·· **〈하프 협주곡 HWV.294〉 1악장** 생을 마감하고 천국에 도착했다고 상상해봅시다. 처음 도달한 그곳에서 너무 긴장한 것일까요. 잠시 화장실을 들릅니다. 그때 긴장을 풀어주는 아름다운 음악이 들려옵니다. 천국 화장실에서 나오는 그 음악, 전 이 음악일 것이라 지레짐작해 봅니다.

미스터리한 죽음이 얽힌 마지막 교향곡

표트르 차이콥스키
1840~1893년

국적 러시아
사조 낭만주의
대표곡 〈피아노 협주곡 1번〉 1악장,
〈교향곡 6번 '비창'〉 4악장,
〈현을 위한 세레나데〉 2악장
'왈츠'

+ 차이콥스키는 러시아를 대표하는 낭만주의 작곡가 중 한 명으로, 음악에 대한 열정 하나로 법률가의 길을 포기한 뒤 20대에 명문 음악원의 교수가 됩니다.

+ 차이콥스키의 곡은 유독 듣는 사람으로 하여금 심장이 터질 듯 벅차오르게 만드는 힘이 있습니다. 특히 그의 〈교향곡 6번〉은 차이콥스키만의 비애와 애수를 가슴 벅찬 선율로 전달합니다.

+ 차이콥스키는 러시아 국민악파 5인조와 달리 서유럽 음악의 전통을 동경하고 수용하고자 했습니다. 특히 〈관현악 모음곡 4번〉 '모차르티아나'를 작곡했을 만큼 모차르트의 열혈 팬이기도 했죠.

표트르 차이콥스키는 현대까지도 수많은 미스터리에 둘러싸인 러시아 출신의 작곡가입니다. 마지막 〈교향곡 6번〉의 초연을 마친 며칠 뒤, 그는 싸늘한 주검으로 발견됐죠. 그 이유에 대해 아직도 확실하게 밝혀진 것이 없습니다. '음식점의 물을 잘못 마셔 콜레라에 감염됐을 것이다', '법률학교 재학 시 연인 관계였던 동성 친구가 고위 관직에 오르자 과거를 숨기기 위해 독극물을 먹였다' 등 소문만 자자할 뿐입니다.

그뿐 아니라 그의 결혼과 관련한 추측도 많았죠. 그의 부인이었던 밀류코바와의 결혼에 대해 '동성애 성향을 숨기기 위한 결혼이다' 또는 '그녀의 구애를 거절하지 못해 진행한 결혼이다', '특정 오페라의 주인공처럼 타인의 사랑을 냉혹히 거절하는 인물처럼 살아가지 않겠다는 의지 때문에 한 결혼이다'…. 아마 진실은 차이콥스키만이 알고 있을 것입니다.

오늘날의 관점에서 차이콥스키는 승승장구한 삶을 살았습니다. 부모님의 권유로 법률학교를 졸업하여 젊은 나이에 법무부 공무원이 됐지만, 안정적인 직장을 포기하고 뒤늦게 본격적으로 음악을 전공합니다. 그리고 무려 26세에 명문 음악원의 화성학 교수가 되었죠. 그럼에도 불구하고 그를 둘러싼 소문들을 보자면 그가 평탄하지만은 않은 삶을 살았을 거라 짐작됩니다.

차이콥스키는 어릴 적부터 기질적으로 예민함을 타고났습니다. 거기에 부모님의 이직으로 인한 잦은 이주, 기숙사 생활의 고독함, 돈독했던 형제자매와 자신을 보살펴주었던 가정교사에 대한 그리움과 향수 등으로 인해 늘 불면증과 우울감에 시달렸습니다. 그리고 동성애 성향을 숨기며 살 수밖에 없었던 사회적 분위기로 인해 제대로 된 사랑조차 할 수 없었죠.

차이콥스키가 느낀 고독, 애환 등의 감정은 그만의 방식으로 음악에 드러납니다. 차이콥스키의 음악은 폭발적으로 화려하지만 때로는 절망과 쓸쓸함이 우러나오죠. 그의 다채로운 음악 세계는 우리에게 항상 깊은 여운을 안겨줍니다.

서유럽 음악을 기반으로 러시아 음악을 개척하다

'러시아 음악'을 이야기할 때 반드시 언급되는 다섯 명이 있습니다. 밀리 발라키레프, 알렉산드르 보로딘, 모데스트 무소륵스키, 체자르 큐이, 니콜라이 림스키코르샤코프로, 이들을 러시아 국민악파 5인조라고 부릅니다. 그중 가장 유명한 인물이라면 〈왕벌의 비행〉을 작곡한 림스키코르샤코프가 아닐까 합니다. 국민악파 5인조는 러시아의 종교 특성과 민족성을 듬뿍 담은 러시아 고유의 음악을 정립한 인물들입니다.

반면 차이콥스키의 음악은 이들이 추구하는 것과 달랐습니다. 이들이 러시아의 민족성에 초점을 두었다면, 차이콥스키는 서유럽 음악의 전통적 기반을 중시하고 그 위에 러시아의 민족성을 더했죠. 또 러시아뿐만 아니라 여러 나라의 음악을 폭넓게 접하고 수용하고자 했기에 세계적으로 더 사랑받는 작곡가가 되지 않았을까 싶습니다. 결과적으로는 러시아 음악을 널리 알리는 데 러시아 국민악파 5인조보다 더 많이 기여하게 됐죠.

이러한 차이콥스키의 작곡 방식은 스승의 영향도 있었습니다. 그의 스승이 서유럽의 고전 양식을 러시아에 도입하기 위해 노력한 안톤 루빈시테인이었기 때문입니다. 차이콥스키는 스승의 음악적 지향을 동경했고, 22세가 되던 해 안톤이 상트페테르부르크 음악원을 설립하자 직장을 그만두고 초대 입학생이 되었습니다. 안톤은 차이콥스키가 서유럽의 전통 양식을 벗어나는 작곡을 할 때면 맹렬하게 비판했는데, 다행히 차이콥스키 자신도 특히 독일에서 정립된 전통 음악을 수용하고 싶어 했습니다. 특히 모차르트를 거의 신적인 존재에 빗대어가며 숭고한 음악적 아름다움을 예찬했지요. 그래서 모차르트 곡의 선율, 형식, 진행 방식 등을 의도적으로 모방하여 창작하며, 이런 말까지 남기기도 했습니다.

"나는 모차르트를 사랑할 뿐만 아니라 흠모합니다."

모차르트에 대한 차이콥스키의 애착이 시작된 것은 5살 무렵부터로 알려져 있습니다. 그의 아버지가 장난감 가게에서 오르골 장난감을 샀는데, 거기서 흘러나온 멜로디가 차이콥스키를 완전히 매료시켰죠. 그 멜로디가 바로 모차르트 오페라 〈돈 조반니〉의 아리아였습니다. 차이콥스키는 자연스레 〈돈 조반니〉에 빠져들었고, 심지어 〈돈 조반니〉 초연 100주년 기념으로 〈관현악 모음곡 4번〉 '모차르티아나'를 작곡하기도 했답니다.

그럼 이쯤에서 모차르트의 세레나데를 연상시키는 차이콥스키의 밝고 명쾌한 작품 〈현을 위한 세레나데〉를 감상해보면 어떨까요. 특히 2악장 '왈츠'는 몽글몽글한 사랑의 감정이 느껴지는데, 일본 드라마 〈노다메 칸타빌레〉의 주인공 노다메가 남자 주인공을 향해 사랑을 표현할 때 배경 음악으로도 흘러나온 곡이랍니다. 전통을 중시한 그의 스승 안톤 루빈시테인도 이 곡의 초연을 듣고 찬사를 보냈다고 해요.

지독한 완벽주의자의
고집스러움

드라마 〈베토벤 바이러스〉를 기억하시나요? 제가 중학생일 때 재미있게 본 드라마인데요. 이 드라마에서 완전히 매료된 음악이 있었습니다. 서혜경 피아니스트가 카메오로 출연하여 연주한 차이콥스키의 〈피아노 협주곡 1번〉이었습니다. 웅장한 금관악기로 시작을 알린 뒤, 피아노가 화려한 화음을 이어갑니다. 그 위로 힘차고 아름다운 현악기의 선율이 들려오죠.

이 음악의 도입부에 완전히 빠진 저는 인터넷으로 검색하여 전체 곡을 들어보았어요. 다시 들어도 벅차오르는 감정을 주체할 수 없었습니다. 그런데 이럴 수가! 일반적인 곡들은 도입부에 제시한 아름다운 멜로디가 이후에도 반복되는데, 이 곡은 처음 3분 정도 강렬한 멜로디가 제시된 이후에 그 멜로디가 끝날 때까지 등장하지 않았습니다. 그래서 제가 좋아했던 초반 3분을 끊임없이 반복 재생하며 감상했던 기억이 있네요.

차이콥스키는 상트페테르부르크 음악원을 졸업한 후, 안톤의 동생인 니콜라이 루빈시테인이 설립한 모스크바 음악원의 교수가 됐습니다. 1874년 크리스마스 전날, 차이콥스키는 자신의 첫 〈피아노 협주곡 1번〉을 완성하여 니콜라이에게 갖고 갔습니다. 초연을 부탁하기 위함이었죠. 하지만 니콜라이의 반응은 얼음장처럼 차가웠습니다. 첫 악장을 듣고는 어떠한 말도 하지 않았죠. 차이콥스키는 이런 냉담한 반응에 충격을 받았습니다.

3악장까지 연주를 마치자 니콜라이가 어렵게 입을 뗐습니다. 그러곤 기존의 음악과 달랐던 그의 첫 협주곡에 관해 뼈저리게 아픈 비판을 시작했죠. 협주곡으로서 가치가 없고, 연주가 불가능하며, 두 페이지만 남기곤 모두 없애버리라며 말입니다. 니콜라이의 말을 묵묵히 듣던 차이콥스키는 말없이 방을 나왔습니다.

그런데 니콜라이는 불난 집에 기름 붓는 격으로, 차이콥스키에게 자신의 요구에 맞게 수정하면 초연해주겠다고 말합니다. 차이콥스키는 즉시 니콜라이에게 헌정하겠다는 생각을 버리고 이렇게 말합니다.

"전 단 한 음도 바꾸지 않을 겁니다."

그는 이후 독일의 저명한 피아니스트이자 지휘자 한스 폰 뷜로에게 초연을 부탁합니다. 다행히 뷜로는 차이콥스키의 협주곡을 극찬

상트페테르부르크 음악원(19세기 후반)

하며 흔쾌히 연주를 수락합니다. 그렇게 다음 해에 미국 보스턴에서 작품을 초연했고, 결과는 대성공이었습니다. 이를 계기로 차이콥스키는 미국에서도 자신의 이름을 알릴 수 있었답니다.

차이콥스키는 세계적인 명곡을 수없이 작곡했지만, 지독한 완벽주의와 예민함으로 인해 자신의 음악을 선보이는 것을 두려워했습니다. 작품을 제작할 때 끊임없이 수정했을 뿐만 아니라, 부정적인 피드백을 받을까 항상 두려워했습니다. 중요한 작품을 발표할 때는 평론을 피하기 위해 잠시 숨어 지내기도 했죠. 이러한 차이콥스키에게 니콜라이의 평가는 송곳보다 날카롭게 느껴졌으리라 짐작됩니다.

자신의 죽음을
예견한 걸까?

1893년 11월 18일, 나프라브니크는 차이콥스키의 마지막 작품 〈교향곡 6번 '비창'〉을 지휘했습니다. 11월 6일, 차이콥스키가 세상을 떠난 후였죠. 차이콥스키의 죽음을 애도하는 무거운 분위기 가운데 그의 깊은 고뇌와 절망, 간절함이 전달되었습니다. 곡이 끝날 때쯤에는 흐느껴 우는 관객도 보였다고 해요.

교향곡의 부제인 '비창'은 비장한, 감정을 강하게 불러일으키는, 비애를 자아내는 등으로 풀이됩니다. 차이콥스키는 왜 자신의 마지막 작품에 마치 죽음을 예견한 듯한 부제를 붙이게 된 것일까요?

차이콥스키는 생애 총 여섯 편의 교향곡을 작곡했는데, 후기로 갈수록 깊은 애수와 절망감이 드러나는 경향이 있습니다. 그 절정을 찍은 것이 바로 〈교향곡 6번〉이라고 볼 수 있어요. 사실 차이콥스키는 이 교향곡에 부제를 붙이고 싶지 않아 했습니다. '비창'은 그의 동생 모데스트 차이콥스키가 제안한 부제였죠. 차이콥스키가 이를 마음에 들어 했는지는 의문이지만, 결과적으로 출판된 악보에는 '비창'이라는 부제가 남아 있습니다.

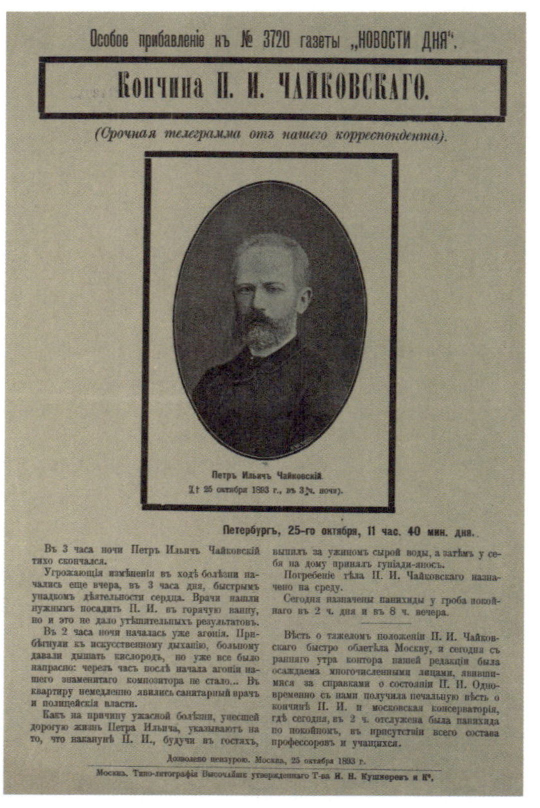

Особое прибавленіе къ № 3720 газеты „НОВОСТИ ДНЯ“.

Кончина П. И. ЧАЙКОВСКАГО.

(Срочная телеграмма отъ нашего корреспондента).

Петръ Ильичъ Чайковскій.
(† 25 октября 1893 г., въ 3¼ ч. ночи).

Петербургъ, 25-го октября, 11 час. 40 мин. дня.

Въ 3 часа ночи Петръ Ильичъ Чайковскій тихо скончался.

Угрожающія измѣненія въ ходѣ болѣзни начались еще вчера, въ 3 часа дня, быстрымъ упадкомъ дѣятельности сердца. Врачи нашли нужнымъ посадить П. И. въ горячую ванну, но и это не дало утѣшительныхъ результатовъ.

Въ 2 часа ночи началась уже агонія. Прибѣгнули къ искусственному дыханію, больному давали дышать кислородъ, но уже все было напрасно: черезъ часъ послѣ начала агоніи нашего знаменитаго композитора не стало... Въ квартиру немедленно явились санитарный врачъ и полицейскія власти.

Какъ на причину ужасной болѣзни, унесшей дорогую жизнь Петра Ильича, указываютъ на то, что наканунѣ П. И., будучи въ гостяхъ, выпилъ за ужиномъ сырой воды, а затѣмъ у себя на дому принялъ гуніади-яносъ.

Погребеніе тѣла П. И. Чайковскаго назначено на среду.

Сегодня назначены панихиды у гроба покойнаго въ 2 ч. дня и въ 8 ч. вечера.

Вѣсть о тяжеломъ положеніи П. И. Чайковскаго быстро облетѣла Москву, и сегодня съ ранняго утра контора нашей редакціи была осаждаема многочисленными лицами, явившимися за справками о состояніи П. И. Одновременно съ нами получила печальную вѣсть о кончинѣ П. И. и московская консерваторія, гдѣ сегодня, въ 2 ч. отслужена была панихида по покойномъ, въ присутствіи всего состава профессоровъ и учащихся.

Дозволено цензурою. Москва, 25 октября 1893 г.

Москва, Типо-литографія Высочайше утвержденнаго Т-ва И. Н. Кушнеревъ и К°.

차이콥스키의 부고가 실린 신문

그는 마지막 교향곡에서 어긋난 결혼 생활, 지속적인 신경 쇠약 증상, 어린 시절에 대한 그리움과 이로 인한 우울 등 굴곡진 삶을 쏟아내듯 표현했습니다. 그 비애와 우울을 공감할 때야 비로소 그의 '비창'을 깊이 감상할 수 있지요.

저는 이 곡의 1악장에서 약 5분이 지난 시점과 7분이 지난 시점에 흘러나오는 애절하고 아름다운 바이올린 선율을 사랑합니다. 이 부분이 나올 때면 언제나 가슴이 뭉클해지죠. 하지만 하이라이트는 4악장이라고 생각합니다. 강렬하게 끝난 3악장 이후, 4악장 도입부에서는 체념적인 현악기의 화음으로 시작했다가 처절하게 절정에 다다릅니다. 그리고 마치 생이 허무하게 끝나듯 쓸쓸하게 마무리되죠. 10분 정도의 연주를 눈을 감고 감상한다면, 연주가 끝난 후 말로 설명하기 어려운 깊은 여운을 느끼게 될 겁니다.

아쉽게도 차이콥스키의 죽음에 대해서는 확실하게 알려진 사실이 없다고 언급한 바 있습니다. 다만 동생 모데스트조차 이상한 점을 전혀 눈치채지 못한 상태에서 갑작스레 죽음을 맞이한 것만은 확실합니다. 그가 스스로 죽음을 예견했든 그렇지 않든, 그의 삶이 그가 만든 드라마틱한 작품과 비슷해 보이는 것은 부정할 수 없을 듯합니다.

‥ **〈바이올린 협주곡 Op.35〉 1악장** 대학교 바이올린 전공의 입시 곡으로 자주 등장할 만큼, 어렵지만 폭발적인 아름다움을 자랑하는 곡입니다. 특히 바이올린이 클라이맥스에 다다르는 순간 오케스트라가 이어서 웅장하게 연주하는 메인 멜로디는 언제 들어도 질리지 않습니다.

‥ **〈교향곡 5번〉 2악장** 만약 지금 아마추어 오케스트라의 단원인데 이 곡을 처음 듣는다면, 지금 당장 단원들에게 이 곡을 연주하자고 설득해 보세요. 심장이 터질 것 같은 벅차오름을 느낄 수 있을 것입니다.

‥ **〈로코코 주제에 의한 변주곡〉** 이 곡을 감상하시기 전에 먼저 예쁜 찻잔을 준비하세요. 그리고 따뜻한 차나 커피를 따른 후 음악을 재생하세요. 화려한 궁전에서 여유롭게 차를 즐기는 귀족이 됐다고 상상하며 감상하면 좋습니다.

미친 짝사랑의
끝은 어디일까?

요하네스 브람스
1833~1897년

국적　　독일
사조　　낭만주의
대표곡　〈F.A.E 소나타〉 3악장
　　　　　'스케르초', 〈피아노 4중주
　　　　　3번〉 3악장

+ 브람스는 독일의 고전 양식을 답습하여 낭만주의와 조화시킨 음악가입니다. 그는 베토벤의 엄청난 추종자이기도 했는데, 첫 번째 교향곡은 '베토벤 교향곡 10번'이라는 별명이 붙을 정도로 영향을 많이 받았습니다.

+ 청년 시절 슈만을 스승으로 만나며 인생의 터닝포인트를 맞이합니다. 슈만은 유망한 청년 브람스를 자신이 창간한 잡지에 홍보하거나 연주회에서 브람스의 곡을 연주하는 방식으로 그를 세상에 알리기 위해 노력했죠.

+ 브람스는 슈만의 아내 클라라를 짝사랑했습니다. 그러나 클라라는 슈만만을 사랑했기에 그 사랑은 이루어지지 못했죠. 그의 내적 갈등과 외로움이 여실히 드러나는 곡이 바로 〈피아노 4중주 3번〉 3악장이랍니다.

2020년에 방영했던 〈브람스를 좋아하세요?〉라는 드라마를 아시나요? 뒤늦게 음악대학교에 입학한 주인공 '송아'를 중심으로 한 음대생들의 열정과 사랑을 다룬 드라마입니다. 특히 한국 드라마에서 빠질 수 없는 짝사랑 이야기도 전개되죠. 그렇다면 왜 드라마 제목에 '브람스'의 이름을 넣었을까요? 아마도 브람스의 실제 짝사랑 이야기와 관련 있기 때문일 것입니다. 그리고 이 사랑 이야기에는 독일 초기 낭만주의를 대표하는 작곡가 슈만도 등장하죠.

독일 출생의 가장 위대한 세 명의 작곡가를 일컬어 '3B'라고 표현하곤 합니다. 알파벳 'B'로 시작하는 독일 출생의 작곡가, 누가 떠오르시나요? 바로 바로크 시대의 '바흐', 고전과 낭만의 징검다리 '베토벤', 그리고 고전적 낭만주의자 '요하네스 브람스'가 그 주인공입니다.

브람스를 '고전적' 낭만주의자라고 칭한 것은 그가 추구했던 음악의 방향과 관련이 있습니다. 브람스는 창작에 있어 실험적 시도를 지양했고, 고전적, 전통적인 방식에 입각한 음악을 추구했죠. 그는 새로운 이상을 추구하는 낭만주의 시대를 살면서도, 바흐와 베토벤의 음악을 추종하며 독일 음악의 전통과 순수성을 보존하고자 했습니다. 그래서 브람스의 음악을 처음 접하면 아메리카노를 처음 맛보았을 때와 비슷한 느낌을 받곤 합니다. 처음 마실 땐 쓴맛 때문에 적응이 안 되지만, 마시다 보면 그 깔끔함에 계속 찾게 되는 것처럼 말입니다.

그럼 아메리카노와 같은 브람스의 음악과 친해져볼까요? 먼저 그의 짝사랑 이야기부터 시작해봅시다.

브람스의 스승, 슈만과의 인연

어렸을 때부터 음악적 재능을 보인 브람스는 여러 선생님을 만나며 탄탄한 음악적 소양을 갖췄습니다. 특히 피아노와 작곡에 재능을 보인 브람스는 19세가 되던 1853년, 바이올리니스트 에드워드 레메니와 연주 여행을 하다가 그의 인생을 바꾼 사람을 만납니다. 유명 바이올리니스트 요제프 요아힘이 당시 작곡가로 이름을 널리 알리던 로베르트 슈만과 그의 아내 클라라 슈만을 브람스에게 소개한 것입니다.

브람스의 작품을 처음 들은 슈만 부부는 감탄을 금치 못했습니다. 얼른 이 젊은 음악가를 세상에 알려야겠다고 생각했죠. 그래서 슈만은 자신이 창간한 잡지인 〈음악신보〉에 브람스를 소개했고, 뛰어난 피아니스트였던 아내 클라라는 자신의 연주회에서 브람스의 작품을 연주함으로써 그를 세상에 알립니다.

슈만 부부는 브람스를 집으로 초대해서 한 달 정도 머물게 했습니다. 그는 자연스럽게 슈만의 제자가 됐죠. 이때 슈만은 브람스에게 재미있는 제안을 합니다. 바로 이 특별한 인연을 만들어준 친구 요아힘을 위해 곡을 만들어 선물하자는 것이었죠. 그 곡이 바로 〈F-A-E 소나타〉입니다.

슈만의 문하생이었던 알베르트 디트리히가 1악장을, 슈만이 2악장과 4악장을, 그리고 브람스가 3악장 스케르초를 작곡했어요. 'F-A-E'라는 제목은 독일어 'Frei Aber Einsam', 즉 '자유롭게 그러나 고독하게'라는 요아힘의 좌우명 앞 글자를 딴 것입니다. 요아힘은 이 곡을 선물 받고 슈만의 아내 클라라와 함께 초연했습니다. 이후 이 악보는 공개되지 않고 베를린 국립도서관에 보관되었다가, 브람스가 죽은 뒤에 브람스의 악장만 독립적으로 출판되었습니다. 오늘날에는 〈바이올린과 피아노를 위한 F-A-E 스케르초〉라는 이름으로

로베르트 슈만과 그의 아내 클라라 슈만
(석판화, 1847)

알려져 많이 연주되고 있습니다. 브람스의 곡을 처음 접하는 분이라면 〈F-A-E 스케르초〉만큼 제격인 곡도 없지요. 처음에 소개했던 드라마 〈브람스를 좋아하세요?〉의 남자와 여자 주인공이 함께 연주한 곡이기도 합니다.

이 곡은 브람스가 젊은 시절 작곡한 곡으로, 곡의 구조가 비교적 단순하고 짧아 부담이 없습니다. '스케르초'란 농담, 해학이라는 어원에서 나온 형식으로, 3박자의 경쾌하고 빠른 음악을 이르는 말입니다. 하지만 브람스는 이 스케르초를 가볍게 활용하지 않았습니다. 음악을 들어 보면 되려 그 시작이 웅장하고 거칠게 느껴지기도 해요.

이 곡은 명확하게 두 개의 분위기로 나뉩니다. 불안정하고 어두운 스케르초가 지속되다가 갑작스럽게 평화로운 선율이 시작되죠. 피아노의 빠른 반주가 느려지는 듯하더니 바이올린이 아름다운 선율로 새롭게 노래합니다. 그러다 다시 처음 연주됐던 거친 스케르초가 반복되다가 다시 바이올린의 선율이 웅장하게 등장하며 마무리됩니다. 특히 마지막 부분에서는 젊은 브람스의 열정이 느껴지기도 합니다.

스승의 아내를 향한 일편단심

브람스의 스승이었던 슈만은 사실 평생 정신 질환을 앓았습니다. 그의 가족과 친척들 대부분이 정신 질환을 앓았고, 그로 인해 목숨을 잃기도 했지요. 그래도 슈만은 사랑하는 아내 클라라 슈만을 만나 여덟 명의 아이를 낳으며(한 명의 아이는 한 살 때 사망합니다) 그나마 행복한 나날을 보냈습니다.

하지만 1850년대에 독일 뒤셀도르프로 거처와 직장을 옮기면서 정신 질환이 악화되고 말았어요. 슈만은 뒤셀도르프의 음악 감독으로서 오케스트라와 합창단을 지휘했는데, 단원들의 실력이 못마땅했을 뿐만 아니라 보수도 만족스럽지 못했거든요. 생계가 불안정해지고, 만족스러운 음악 활동도 할 수 없자 정신 건강에 이상이 생긴 겁니다. 브람스를 만난 1853년에는 환청이 심해져서 지휘조차 제대로 할 수 없는 상황이었어요. 그런 슈만을 오케스트라 단원들도 못마땅하게 여길 수밖에 없었습니다. 결국 슈만은 자신의 곡 이외의 모든 곡을 부지휘자에게 맡겨야 하는 비참한 현실에 직면하고 말았습니다. 하필 그런 힘든 시기에 브람스를 만난 것입니다. 겉으로 슈만은 브람스를 따뜻하게 맞이하고 보살폈지만, 내적으로는 불안정하고 지옥과도 같은 삶을 살고 있던 것이죠.

브람스와 만난 지 1년이 지난 1854년, 슈만은 결국 라인강에 몸을 던지고 말았습니다. 다행히 지나가던 어부가 슈만을 발견하고 구조했지만 이 사건은 브람스와 클라라에게 엄청난 충격을 안겨줍니다. 결국 슈만은 사랑하는 아내와 아이들을 두고 정신병원에 수용됩니다. 설상가상으로 슈만이 수용된 2년 동안 면회가 금지됐고, 클라라는 2년이 지난 후 슈만이 세상을 떠나기 직전이 돼서야 그를 볼 수 있었습니다.

결국 브람스가 슈만의 가족들을 보살피는 역할을 대신합니다. 일곱 명의 아이와 홀로 남겨져 실의에 빠진 클라라를 옆에서 정성을 다해 위로했죠. 하지만 곧 클라라를 향한 연민의 마음은 사랑으로 변하고 말았습니다. 스승의 아내를 사모하기 시작한 것이죠. 그렇게 브람스의 지독한 짝사랑이 시작됐습니다. 정신병원에 스승이 있는 상황에서 브람스는 결국 클라라에게 자신의 솔직한 마음을 편지로 표현합니다.

"말로 표현할 수 없을 정도로 당신을 사랑합니다. 사랑이란 단어가 가질 수 있는 모든 수식어를 사용하여 당신을 불러보고 싶습니다."

클라라는 어떤 반응을 보였을까요? 여느 불륜 드라마처럼 파국에 이르렀을까요? 클라라는 비록 슈만을 만나지는 못했지만, 자신이 연주하는 슈만의 음악 속에서 항상 함께하고 있음을 믿었어요. 그래서 브람스의 사랑 고백을 거절합니다. 감정을 절제하는 성향이었던 브람스는 클라라에게 거절당한 이후로는 결코 자신의 마음을 드러내지 않았습니다. 즉, 피어오르는 사랑의 감정을 꾹 참고 클라라와의 우정을 지키기로 다짐한 것이죠. 클라라 또한 자신의 연주회에 언제나 슈만이 작곡한 곡들을 올리며 굳건히 슈만을 향한 사랑을 이어갑니다.

혼란스러운 내면의 갈등과 고독이 회오리치는 이 시기에 젊은 브람스가 작곡한 곡이 바로 〈피아노 4중주 3번〉입니다. 브람스는 20년이나 되는 시간 동안 이 곡을 수정하고 보완해갑니다. 자신을 향한 사랑 때문에 생긴 브람스의 고민을 클라라도 느낀 걸까요? 클라라는 3악장에 대해, 깊은 감정이 담긴 아름다운 곡이라며 일기에 극찬을 남기기도 했습니다.

20년 뒤, 브람스는 이 곡을 세상에 공개할 때 권총으로 자살하려는 한 남자의 그림을 넣어달라고 요청했습니다. 그 이유는 이 곡의 부제인 '베르테르'와도 관련이 있는데요. 이는 괴테의 소설 《젊은 베르테르의 슬픔》에서 결혼한 여인을 사랑했다가 결국 자살해버린 주인공에 자신을 빗대기 위함이었죠.

이 곡의 3악장의 초반부에서는 중후한 첼로의 음색을 통해 애절한 선율이 흘러나옵니다. 그러곤 점차 바이올린과 비올라가 합류하며 아름다운 화음을 만들어내죠. 존경하는 스승의 정신적 고통을 감내하고, 그의 아내를 향한 사랑을 속으로 삭여야 했던 브람스의 고독을 〈피아노 4중주 3번〉 3악장을 통해 만나볼 수 있습니다.

브람스의 짝사랑은 언제 끝을 맺었을까요? 브람스와 클라라는 40년에 걸쳐 편지를 주고받으며 우정을 다졌습니다. 클라라를 향한 마음은 그 어떤 여성이 접근해도 흔들리지 않았어요. 1896년에 클라라가 죽음을 맞이할 때, 브람스는 40시간에 걸쳐 그녀에게 갔지만 끝내 임종을 지키지 못했습니다. 그리고 마치 그녀를 따라가듯 다음 해인 1897년에 브람스도 세상을 떠나게 됩니다. 클라라가 죽음을 맞이할 당시 브람스는 이와 같은 말을 남겼습니다.

"삶의 가장 아름다운 경험이었고, 가장 위대했던 가치였으며, 가장 고귀한 의미를 잃어버렸다."

그의 이루어지지 않은 사랑은 음악으로 승화되어, 오늘날까지 마음을 울리는 작품으로 남게 되었습니다.

오스트리아 빈 외곽에 위치한 브람스의 묘지.
베토벤, 요한 슈트라우스, 슈베르트 묘지가 함께 있다.

·· **〈피아노 소나타 3번〉 5악장** 이 곡을 들을 때면 마치 교향곡을 듣는 듯한 착각에 빠지곤 합니다. 5악장은 같은 주제가 반복되는 '론도'의 형식입니다. 주제 사이에 들려오는 뭉클한 선율, 그러다 마지막까지 고조되며 펼쳐지는 이상 세계까지 완벽한 구조를 이루는 곡이죠.

·· **〈교향곡 1번〉 4악장** 20대 초반에 작곡을 시작했지만, 초연 당시 그의 나이는 무려 40대. 얼마나 신중하게 작곡한 첫 번째 교향곡인지 알 수 있습니다. 특히 4악장은 베토벤의 교향곡을 닮은 듯합니다. 어둡게 시작해서 환한 빛을 향해 나아가듯 활기찬 이상을 브람스만의 탄탄한 구조로 그려냈죠.

·· **〈교향곡 4번〉 2악장** 모든 악장이 제각각의 매력을 가진 곡입니다. 전 그중에서도 2악장을 가장 사랑하는데요. 처음에는 고독에 젖은 듯하다가 중간부에 중후한 현악기의 음색으로 노래하는 부분은 항상 가슴을 뭉클하게 만듭니다.

오직 피아노만으로
써 내려간 시

프레데리크 쇼팽
1810~1849년

국적	폴란드
사조	낭만주의
대표곡	〈피아노 협주곡 1번〉 2악장, 〈폴로네즈 '영웅'〉, 〈발라드 1번〉

+ 작은 규모의 공연을 선호했고, 마음을 표현하는 데 서툴고 소심했던 쇼팽은 피아노 앞에서만큼은 달랐습니다. 그는 다양한 형태의 피아노 악곡을 통해 자신의 감정, 느낌, 생각뿐만 아니라 세상 만물의 아름다움을 마치 시를 써 내려가듯 표현했죠.

+ 쇼팽은 다른 악기를 위한 곡을 거의 작곡하지 않았을 만큼 피아노에 전념했습니다.

+ 쇼팽은 폴란드 출신 작곡가로, 폴란드가 주변 국가들로부터 독립하기 위한 혁명 운동을 활발히 하던 시기에 활동했습니다. 비록 젊은 시절 폴란드를 떠난 후 생을 마감하는 날까지 다시 고국 땅을 밟지 못했지만, 그의 유언에 따라 그의 심장은 폴란드의 품에 안치됐죠.

해외에서 한국에 입국할 때 인천국제공항을 꼭 들러야 하듯, 폴란드를 여행할 때 들르게 되는 공항이 바로 폴란드의 수도에 위치한 '바르샤바 쇼팽 공항'입니다. 국제공항의 명칭에 쇼팽의 이름을 넣은 것을 보면, 폴란드 국민이 얼마나 쇼팽을 사랑하고 자랑스러워하는지 알 수 있죠.

프레데리크 쇼팽은 작곡가라면 누구나 소망했던 교향곡을 한 편도 쓰지 않을 만큼 오직 피아노에만 매진했습니다. 그만큼 그는 피아노 테크닉을 발전시켰을 뿐만 아니라, 섬세하고 깊은 아름다움을 피아노에 담아내는 큰 업적을 남겼기에 피아노계에서는 빠질 수 없는 존재가 됐죠.

또 쇼팽은 39세의 짧은 생애를 사는 동안, 항상 자국인 폴란드를 가슴속에 지니며 살았답니다. 폴란드를 향한 애국심이 피어나기 시작한 것은 어릴 적 주변 사람들로부터 받은 영향이 컸을 겁니다. 쇼팽의 어머니는 폴란드의 민요를 자주 쇼팽에게 들려주곤 했죠. 또 쇼팽이 여섯 살 때 만난 음악 선생님 지브니는 애국심이 굉장히 높았기에 제자들에게도 폴란드의 민속음악을 전수했답니다.

그러나 쇼팽은 안타깝게도 1830년 19세 때 폴란드를 떠난 후, 죽을 때까지 고국의 땅을 밟지 못했습니다. 대체 쇼팽은 어떤 삶을 살았던 걸까요?

사랑을 고백하지 못한 채 떠난 소심한 피아니스트

쇼팽은 폴란드 명문 바르샤바 음악원의 교장 엘스너에게 직접 작곡을 배우면서 재능을 키워가다가, 16세가 되어 정식으로 바르샤바 음악원에 입학하게 됩니다. 그때 다양한 음악을 접목하면서 자신의 독창성도 키워나갔죠. 그렇게 실력을 다진 쇼팽은 음악원을 졸업함과 동시에 음악의 도시 오스트리아 빈으로 연주 여행을 떠납니다. 거기서 자신이 작곡한 곡도 연주했지만, 청중들의 요청으로 폴란드 민요를 즉흥적으로 연주하기도 했어요. 이를 들은 관객들은 쇼팽에게 극찬을 보냈다고 합니다.

빈에 대한 좋은 기억을 안고, 쇼팽은 다시 폴란드로 돌아왔습니다. 쇼팽은 조국을 매우 사랑했지만, 음악가로서 성장하기엔 한계가 있음을 느꼈죠. 그래서 결국 폴란드를 떠나 본격적으로 외국에서 연주자로 활동하기로 마음을 먹었습니다. 그래서 폴란드를 떠나기 전인 1830년, 고별 연주회를 계획하게 됐죠.

떠날 때가 되니 쇼팽은 첫눈에 반해버린 한 여인이 눈에 밟혔습니다. 바르샤바 음악원에서 성악을 전공하던 콘스탄차 글라드코프스카가 그 주인공이었습니다. 쇼팽은 동갑내기 콘스탄차에게 빠졌지만, 소심한 나머지 마음을 고백하지 못했습니다. 사랑하는 마음을 애써 숨기며 그녀에게 조심스레 접근했지만, 그의 플러팅 기술은 이 수준이었답니다.

"내가 너의 반주자가 되어줄게."

심지어 반주 도중에는 눈도 마주치지 못했죠. 둘만의 시간을 꽤 보냈음에도 쇼팽은 속으로만 마음을 키워가며 지독한 짝사랑을 이어갔습니다.

쇼팽이 폴란드를 떠나기로 결심한 이후, 기가 막힌 고백의 타이밍이 다가옵니다. 드디어 준비된 둘만의 시간, 쇼팽은 콘스탄차의 어깨에 손을 얹었고 둘은 눈을 맞추며 서로를 바라보았죠. 콘스탄차의 눈시울이 붉어집니다. 말로 형용하기 어려운 애절한 마음을 어떻게든 표현할 기회였죠. 이때 또다시 답답한 쇼팽식 플러팅 기술이 발동됩니다.

"내 고별 연주회에 찬조 출연해줄래?"

이럴 수가…. 쇼팽은 친구들에게 자신이 얼마나 콘스탄차를 사랑하는지 잘 표현했지만, 정작 그녀에게는 고백하지 못했습니다. 그의 친구에게 남긴 편지에는 콘스탄차에 대한 마음이 고스란히 남아 있죠.

"드디어 나의 이상형을 만난 것 같아. 하지만 아직 6개월 동안이나 혼자 끙끙 앓고 있어. 나는 종종 그녀의 꿈을 꾸곤 해. 그리고 마음 속의 그녀를 그리면서, 나의 새로운 협주곡의 아다지오 악장을 작곡했어."

편지에 등장한 새로운 협주곡이 바로 피아니스트 조성진이 연주하며 쇼팽 국제 콩쿠르 결승에서 1등을 거머쥔 〈피아노 협주곡 1번〉입니다. 쇼팽의 〈피아노 협주곡〉은 온전히 피아노에 집중된 곡입니다. 오케스트라 반주가 있음에도 피아노에 너무 집중돼서 오케스트라의 비중이 부실하다는 평가를 받기도 하죠. 그럼에도 피아노의 아름답고 서정적인 멜로디는 연주에 완전히 몰입하게 만듭니다. 특히 2악장은, 오케스트라의 조용한 연주 위에 반짝반짝 빛나는 피아노 멜로디가 쇼팽의 사랑을 표현하는 듯합니다.

쇼팽은 폴란드를 떠나기 전, 고별 연주회에서 이 곡을 직접 피아노로 초연했습니다. 쇼팽의 연주가 끝난 후 콘스탄차도 쇼팽의 부탁을 들어 로시니의 아리아 '마음속에 넘치는 사랑'을 노래했죠. 그리고 끝으로 〈폴란드 민요에 의한 환상곡〉을 연주하며 폴란드를 향한 작별 인사를 마칩니다.

하얀 목련처럼 예쁜 무대 의상을 차려입은 콘스탄차의 모습에 쇼팽은 또다시 반했고, 콘스탄차는 무대가 끝난 후 머리에 꽂고 있던 장미꽃을 말없이 쇼팽에게 건네주었습니다. 이를 마지막으로 쇼팽은 마음을 제대로 고백하지 못한 채 폴란드를 떠나게 됩니다. 다시는 돌아오지 못할 자신의 미래를 알지 못한 채 말이죠.

음악으로 간직한 폴란드의 꿈

쇼팽의 조국에 대한 사랑은 남달랐습니다. 바르샤바 음악원 재학 시절 때도 바쁜 와중에 방학이면 시골 마을에 방문하여 지역 민요를 접하고 자신의 음악에 적용하고자 노력했죠. 그러나 정작 쇼팽이 직면한 국가 현실은 비참했습니다.

쇼팽이 태어나기 전, 폴란드는 주변 강국들로 인해 지도상에서 사라지기도 했던 국가입니다. 이런 상황 속에서 폴란드인들은 조국의 독립을 염원하며, 주변국의 탄압에 계속해서 반발했죠. 1807년에는 나폴레옹의 도움으로 독립 국가인 바르샤바 공국을 세웠으나, 프랑스가 패전하면서 다시 승전국들에 의해 나라가 찢어지게 됩니다. 그로 인해 폴란드에서는 자국의 통치권을 찾기 위한 혁명이 계속 일어났죠.

쇼팽의 첫사랑 콘스탄차 글라드코프스카

쇼팽은 격동의 시대 한가운데에서 음악 활동을 해야 했던 것입니다.

1830년 고별 연주회 이후, 쇼팽은 다시 오스트리아의 수도이자 음악의 도시 빈으로 향했습니다. 그곳에서 받았던 찬사를 고이 기억하고 있었죠. 하지만 빈에 도착한 쇼팽은 이전과는 다른 분위기를 느낍니다. 같은 해 폴란드에서 러시아에 대항하는 '바르샤바 혁명'이 일어났기 때문입니다. 오스트리아가 러시아와 정치적 동맹 관계에 있었기에, 폴란드 출신 쇼팽을 향한 시선은 싸늘했습니다.

쇼팽은 다시 고국으로 돌아가야 할지 고민했지만, '음악을 통해' 조국에 헌신하라는 아버지의 뜻에 따라 돌아가지 않기로 결심합니다. 그러나 빈의 적대적인 분위기에 적응하기 힘들었던 쇼팽은, 결국 1831년에 수많은 예술가가 모인 프랑스 파리로 건너가 본격적인 음악 생활을 펼칩니다. 온 신경은 폴란드를 향해 있었지만, 어렵사리 도착한 파리에서 조르주 상드라는 소설가를 만나 결혼까지 하며 터를 잡았죠.

사실 그의 명곡 대부분은 파리에서 작곡됐다고 해도 과언이 아닙니다. 쇼팽은 소나타와 같은 기존의 피아노 곡 형식을 넘어 '녹턴', '발라드', '에튀드' 등의 자유분방한 피아노 음악을 발전시켰습니다. 예를 들어, 에튀드란 연습곡이라는 뜻입니다. 연습곡이란 말 그대로 손가락 근육을 훈련하여 테크닉을 연습하기 위해 작곡된 음악이죠. 하지만 쇼팽의 에튀드는 단순히 테크닉을 발전시키는 연습곡 이상의 깊은 음악적 이해와 표현을 요구합니다. 그는 여기에 자신의 사상이

쇼팽이 죽기 전해인 1848년, 유럽 전역은 다시 혁명의 불길에 휩싸였다.
쇼팽의 친구 외젠 드라크루아의 〈민중을 이끄는 자유의 여신〉은 바로 이 시대를 그린 것이다.

나 감정을 넣기도 했습니다. 예를 들어, 쇼팽의 〈에튀드 Op.10 12번 '혁명'〉은 1831년 빈을 떠나 파리로 향할 때 바르샤바가 러시아에 점령당했다는 소식을 듣고 작곡했다고 알려져 있죠.

그뿐 아니라 쇼팽이 넓혀갔던 수많은 피아노 음악의 형식 중 유명한 것이 바로 '폴로네즈'입니다. 폴로네즈란, 3박자의 폴란드 전통 민속춤곡의 리듬을 바탕으로 작곡된 음악입니다. 쇼팽이 꾸준하게 공부해온 폴란드의 민속 요소가 풍부하게 담겨 있는 곡이죠. 그는 무려 18곡의 폴로네즈를 작곡하여, 하나의 음악 형식으로 정립합니다.

후기로 갈수록 쇼팽은 애국심과 혁명을 향한 굳건한 의지를 음악에 더욱 드러냅니다. 후기 쇼팽의 폴로네즈 중 가장 많이 알려진 곡은 〈영웅〉인데요. 여러 폴로네즈를 비교하며 감상하다 보면 폴란드만의 민속적 정서가 느껴질 것입니다.

전쟁 속에 피어난
예술의 숭고함

쇼팽은 결핵으로 39세의 젊은 나이에 생을 마감합니다. 19세에 고향을 떠난 이후 한번도 폴란드 땅을 밟지 못한 채 파리에서 세상을 떠나고 말았죠. 그의 누나 루드비카는 쇼팽의 건강이 악화됐다는 소식을 듣고 파리로 건너와 그의 곁을 지켜줍니다. 쇼팽은 유언으로 누나에게 한 가지 부탁을 건넵니다. 육신은 파리에 묻히더라도, 자신의 심장만은 고향 폴란드에 안치해달라고 말이죠.

하지만 심장을 옮기는 과정은 쉽지 않았습니다. 장기를 다른 국가로 가져가는 것이 불법이었기 때문입니다. 그래서 루드비카는 쇼팽의 심장을 코냑이라는 술병에 담아 몰래 운반했습니다. 그리고 우여곡절 끝에 그의 심장은 조국의 품으로 돌아갔죠.

쇼팽을 소개할 때 항상 소개하는 영화가 있습니다. 바로 로만 폴란스키 감독의 영화 〈피아니스트〉인데요. 로만 폴란스키 감독은 실제로 제2차 세계대전 중 나치 독일의 유대인 대학살 '홀로코스트'에서 힘겹게 살아남은 생존자입니다.

나치의 침공으로 목숨의 위협을 받던 주인공 슈필만은 생존을 위해 간신히 도망을 다닙니다. 그러던 중 독일군 대위 호젠필트에게 발각되어 은연중에 자신이 피아니스트라는 사실을 말하게 되죠. 호젠필트는 사실 확인을 위해 폐허에 덩그러니 남겨진 피아노를 연주해보도록 합니다. 언제 죽을지 모르는 긴장 속에서 슈필만은 연주를 시작합니다. 여러분이 만약 슈필만이었다면 살기 위해 어떤 곡을 연주했을 것 같나요? 독일 장군의 비위를 맞출 수 있는 독일 악곡? 정치적 상황과 관련 없는 머나먼 나라의 음악?

슈필만은 그 순간 당당히 폴란드의 자랑, 쇼팽의 〈발라드 1번〉을 연주합니다. 이 장면에서 쇼팽의 음악은 갈등 상황에서도 음악의 숭고함과 아름다움을 통해 교감하며, 서로를 인간 대 인간으로 마주하도록 돕는 역할을 합니다. 그리고 그의 연주에 감명받은 호젠필트는 처치해야 할 대상인 슈필만을 돕게 됩니다.

폴란드인의 절개를 보여준 쇼팽의 〈발라드 1번〉, 영화와 함께 감상한다면 그가 처했던 상황에 이입하여 설명할 수 없는 감동을 느낄 거라 확신합니다.

·· 〈에튀드 Op.10 3번 '이별'〉 보통 에튀드는 동일한 패턴을 반복해서 연습하도록 이루어져 있기에 지루한데, 쇼팽의 에튀드는 마치 하나의 작품처럼 그 안에 풍부한 '음악'이 담겨 있죠. 특히 3번을 들어보면 다른 에튀드와의 차이를 명확히 느낄 수 있습니다.

·· 〈발라드 4번〉 유튜브 검색창에 '조성진 쇼팽 발라드 4번을 말하다'를 검색해 보면 피아니스트 조성진이 이 곡의 감상 및 연주 포인트를 기가 막히게 설명해줍니다. 그의 말을 듣고 이 곡을 감상한다면 이전과는 또 다르게 들릴 것입니다.

·· 〈스케르초 2번〉 이보다 다채롭고 재미있는 피아노 곡이 또 있을까요? 조용하면서도 간드러지게 시작된 곡은 어느 순간 예상치 못한 강한 타격을 전합니다. 반복되는 패턴 사이에서 중간중간 들려오는 음악적 변화가 매우 재미있는 곡입니다.

Part 3

시대와 함께한
음악의 결정적 순간들

어떤 작곡가는 한 시대를 마무리하기도 하고, 어떤 작곡가는 새 시대를 열기도 했습니다. 또 대중들에게 시대정신을 전한 클래식 음악들도 있죠. Part 3에서는 클래식이 어떠한 방식으로 개인과 시대의 정서를 담아왔고, 그로 인해 음악의 역할이 어떻게 확장되어 왔는지 설명합니다. 읽다 보면 각 음악의 자연스레 시대적 배경과 사조에 대해서도 이해할 수 있을 거예요.

아름다운 불협화음,
현대음악의 문을 열다

리하르트 바그너
1813~1883년

국적 독일
사조 후기 낭만주의→현대음악
대표곡 〈발키리의 기행〉, 오페라
〈탄호이저〉 서곡, 오페라
〈트리스탄과 이졸데〉 전주곡

+ 바그너는 기존 오페라의 형식을 뒤엎어 '악극'이라는 개념을 도입해 '종합 예술 작품'의 예술적 이념을 다진 혁신적인 음악가입니다. 그는 악극에서 음악을, 관객들에게 작품의 메시지를 효과적으로 전달하기 위한 수단으로 여겼죠.

+ '바그너가 현대음악의 문을 열었다'라고 표현할 정도로 그는 클래식계에 큰 영향을 미쳤습니다. 특히 〈트리스탄과 이졸데〉 전주곡과 같이 불협화음과 반음계적 진행을 적절히 사용함으로써 신비롭고 초월적인 느낌의 음악을 작곡했답니다.

+ 독재자 히틀러가 반유대주의 이념을 가졌던 바그너의 광팬이었다고 합니다.

2001년에 개봉한 영화 〈반지의 제왕〉을 다들 아실 겁니다. 영국 판타지 소설을 기반으로 제작한 시리즈 영화로, 판타지 영화 중 최고의 걸작으로 꼽히기도 한답니다. 그런데 이 영화의 모티브가 된 클래식 곡이 있다는 걸 아시나요? 그 곡이 바로 리하르트 바그너의 악극 〈니벨룽겐의 반지〉입니다.

처음 듣는 제목이라고요? 그러나 아마 〈니벨룽겐의 반지〉 중 세 번째 막의 전주곡인 〈발키리의 기행〉을 들으면 '아, 이 음악!' 하고 기억이 날 겁니다. 도입부의 강렬한 솟구침, 그리고 당당하게 등장하는 금관악기의 음색 덕에 수많은 TV 프로그램에서 활용되었기 때문이죠.

사실 바그너는 바흐, 모차르트, 베토벤과 같이 일반 대중에게 널리 알려진 작곡가는 아닙니다. 그러나 현대음악의 문을 열었다고 할 정도로 클래식 음악계에 큰 영향을 미쳤어요. SF 영화 〈스타워즈〉의 음악을 작곡한 존 윌리엄스, 〈인터스텔라〉 영화 음악을 작곡한 한스 짐머 등의 현대음악가가 바그너의 음악으로부터 영향을 받았다고 알려졌을 정도이니까요.

그런데 지금까지의 설명 중 거슬리는 단어가 하나 있지 않나요?

왜 제가 〈니벨룽겐의 반지〉를 '오페라'가 아닌 '악극'이라고 표현했을까요? 이 두 장르는 음악의 역할에 있어 그 차이가 있습니다. '오페라'가 조금 더 음악과 노래 자체에 초점을 둔 장르라면, '악극'에서 음악은 극적 내용 전개를 밀접하게 돕는 역할로 활용됩니다. 바그너는 독일 낭만주의 시대에 오페라를 전성기로 끌어올린 음악가이자, 새로운 개념인 '악극'을 도입한 인물이죠.

악극을 도입한 데에는 바그너의 큰 뜻이 있었습니다. 작품을 창작할 때 단순히 여흥을 즐기기 위한 목적이 아닌 극도의 황홀함을 이끌어내어 청중들의 영혼을 고양시키는 데에 공연의 중점을 두었죠. 그러니 관객들에게 전달하는 메시지와 스토리가 더욱 중요했고, 음악은 이를 돕는 수단이었습니다. 그리고 이 악극의 끝판 왕이 바로 〈니벨룽겐의 반지〉입니다. 이 악극은 총 네 개의 막으로 이루어졌는데,

오토 리히터가 그린 〈니벨룽겐의 반지〉의 모티브가 된 북유럽 신화의 한 장면

연주 시간이 총 16시간에 달합니다. 바그너는 이 대작을 26년에 걸쳐 완성했다고 알려져 있답니다.

그뿐 아니라 바그너는 낭만주의 음악을 발전시키는 것을 넘어 새로운 화성 체계를 시도함으로써 음악적 아름다움의 범위를 넓히기도 했습니다. 바그너가 추구한 새로운 아름다움이 현대음악으로 넘어가는 발판이었던 셈이죠.

그러나 그의 삶은 아름다움과 거리가 멀었습니다. 쾌락을 추구하며 반복한 외도, 유대인에 관한 혐오, 난해한 작품 세계가 가져온 실패와 그로 인한 빚더미 등 굴곡진 삶을 살았어요. 음악과는 정반대의 삶을 살아온 바그너, 그에게는 대체 무슨 일이 있었던 걸까요?

오르락내리락, 굴곡진 바그너의 인생

바그너는 1813년 독일 라이프치히에서 아홉 남매 중 막내로 태어났습니다. 안타깝게도 아버지는 바그너가 태어난 지 6개월 만에 세상을 떠났습니다. 다음 해에 그의 어머니는 배우이자 가수, 화가 그리고 시인이었던 가이어를 만나 재혼했지요. 가이어는 바그너의 정신적 지지자였을 뿐만 아니라 수많은 예술적 기질까지 물려줍니다. 그러나 가이어마저 바그너가 여덟 살이 되던 1821년에 세상을 떠납니다.

어린 시절, 두 번이나 겪어야 했던 아버지의 죽음은 아마 바그너의 삶에 큰 영향을 미쳤을 것입니다. 그래도 바그너는 자라온 환경 덕분에 극장 문화를 쉽게 접할 수 있었습니다. 다양한 연극인들을 만나며 자연스럽게 의붓아버지와 같은 예술가가 되고 싶어졌습니다. 이후 이사를 간 드레스덴에서 작곡가 베버의 〈마탄의 사수〉 공연을 본 뒤 지휘자가 되고 싶단 생각을 품었고, 학창 시절부터 그리스 비극, 셰익스피어 등 문학과 연극 작품에 큰 관심을 보였습니다. 어릴 적부터 음악가와 작가로서의 씨앗이 마음속 깊이 심어진 것이죠.

바그너의 정신에 막대한 영향을 끼친 사회적 사건이 또 하나 있었으니, 바로 1830년 프랑스 파리에서 일어난 7월 혁명이었습니다. 부르봉 왕가의 샤를 10세가 기본권을 제한하는 칙령을 발표하면서 사회를 프랑스대혁명 이전 상태로 되돌리려 하자, 시민들은 다시 혁명을 일으켰습니다. 이러한 혁명 정신은 유럽 내 여러 국가로 퍼져나갔고, 독일에서도 민주주의를 외치는 목소리가 높아졌습니다. 바그너는 이러한 혁명 정신에 직접적인 영향을 받았고, '하나 되는 독일'을 갈망하게 되었습니다. 1848년에는 드레스덴에서 일어난 혁명에 선두로 참여하다가 수배자가 되어 급히 스위스로 도망가기도 했죠.

이러한 바그너의 혁명 정신은 자연스레 그의 작품에 스며들었습니다. 드레스덴 혁명에 참여하기 전에 작업했던 오페라 〈탄호이저〉가 그 예입니다. 공연의 도입 부분에 나오는 〈탄호이저〉 서곡은 바그너 특유의 아름다운 웅장함을 오롯이 느낄 수 있는 곡입니다. 〈탄호이저〉는 기존의 음악과 오페라의 틀에서 벗어나기 시작한 작품이자, 주인공에 자신을 투영한 작품이기도 합니다.

탄호이저는 독일 중세 시대에 실존했다고 알려진 음유시인이자 기사입니다. 그는 영주의 조카딸 엘리자베트라는 여인과 순수한 사랑을 약속했음에도, 미의 여신 비너스가 사는 동굴에서 육체적 쾌락에 빠져버리고 말았죠. 그는 일관된 사랑을 지닌 엘리자베트의 노력에도 불구하고 참회의 기회를 저버려요. 결국 엘리자베트가 목숨을 바치면서 비너스는 세상에서 사라지고, 탄호이저는 구원을 받으며 이야기가 끝이 납니다.

〈탄호이저〉는 성(性)과 육체적 감각을 금기로 여겼던 당시 시대를 비판한 작품입니다. 겉으로는 정신적 사랑을 외치면서 뒤에서는 매춘이 활발했던 사회 모순을 정면으로 돌파한 것이죠. 바그너는 사회의 민낯을 작품에 그대로 그려냄으로써 철학과 관념을 표현했답니다. 물론 그런 그의 관념은 바람기로 이어졌지만 말이죠.

"평생 한 번도 진정한 사랑을 맛보지 못했다네"

바그너는 23세 때 네 살 연상의 오페라 단원 '민나'를 만났습니다. 둘은 결혼했지만, 서로 가정에 충실하지 않았습니다. 바그너는 민나와의 결혼 생활이 만족스럽지 않았어요. 그러던 중 그가 앞서 언급한 드레스덴 혁명에 가담한 이유로 스위스에 망명하면서, 이들의 결혼 생활도 흔들리기 시작합니다. 바그너가 스위스 취리히에서 오랜 기간 거주하며 후원자였던 베젠동크 부인과 바람이 났는데, 둘이 주고 받은 편지를 민나에게 들킨 것입니다. 결국 지옥 같은 갈등이 시작됐고, 둘은 이혼하지 않은 상태로 각자의 삶을 살기로 했죠.

바그너가 민나와 갈등을 겪으면서 동시에 베젠동크 부인과 새로운 사랑을 시작한 시기에 작곡한 곡이 바로 〈트리스탄과 이졸데〉입니다. 이 악극 역시 사랑을 주제로 하고 있죠. 이 곡을 위한 본격적인 작업에 들어가기 3년 전, 바그너가 리스트에게 보낸 편지에는 이런 내용이 적혀 있었습니다.

> "나는 평생 단 한 번도 사랑의 진정한 행복을 맛보지 못했기에 그 가장 아름다운 꿈에 대한 기념비를 세우려 해. 〈트리스탄과 이졸데〉를 통해서 말이야."

바그너는 중세 유럽에서 전해져 내려온 트리스탄과 이졸데의 전설을 바탕으로 직접 각본을 작성하여 작품을 제작했습니다. 콘월 출신의 기사 트리스탄과 아일랜드의 공주 이졸데가 그 주인공이죠. 이졸데는 과거에 자신이 치료해주었지만, 약혼자를 죽인 트리스탄에 원한이 있었습니다. 그래서 트리스탄에게 독약을 주고 자신도 마시

헤르베르트 제임스 드레이퍼, 〈트리스탄과 이졸데〉(1901년)

는데, 의도치 않게 사랑의 묘약을 마시면서 둘은 사랑에 빠지게 됩니다. 이 둘은 사랑의 도피를 시도하지만, 마르케 왕에 의해 발각되어 트리스탄이 죽음에 이르죠. 죽은 트리스탄 곁에서 이졸데는 '사랑의 죽음'을 부르며 함께 생을 마감합니다. 바그너는 자신이 이루지 못한 이상적 사랑을, 트리스탄과 이졸데의 죽음을 초월한 사랑 이야기로 풀어낸 것입니다.

〈트리스탄과 이졸데〉는 스토리뿐 아니라 음악적으로도 클래식계에 큰 의미가 있는 곡입니다. 이 곡을 통해 바그너는 본격적으로 기존의 음악적 틀에서 벗어나 현대음악의 문을 열기 시작했죠. 과감하게 불협화음을 사용함으로써 새로운 화성 체계를 구축해 나간 것입니다.

바그너가 클래식 음악에 미친 영향력을 알기 위해서는, 인상주의 또는 현대음악이 등장하기 이전에 성행했던 조성 음악의 특징을 다시 떠올려 볼 필요가 있습니다.

조성 음악이란, 음악에 쓰이는 화성이나 멜로디가 하나의 음 또는 화음을 중심으로 일정한 음악 관계를 갖는 음악이었지요. 바그너도 이 조성 음악의 체계를 깨고 불협화음과 반음계적 진행을 사용함으로써 조성이 없는, 무중력 상태에 있는 듯한 느낌의 음악을 만든 것입니다. 여기서 잠깐! '불협화음', '반음계적 진행'이란 무슨 뜻일까요?

먼저 불협화음이란 '협화음'의 반대 개념으로, 둘 이상의 음이 동시에 연주될 때 어울리지 않고 불안정한 느낌을 자아내는 음을 뜻합니다. 〈트리스탄과 이졸데〉 전주곡의 첫 부분에서는 첼로가 홀로 한 마디 정도를 연주하다 여러 악기가 동시에 화음을 냅니다. 이때 화음은 듣기에 편안하기보다 무언가 불안함을 자아내는데, 이것이 바로 불협화음의 효과입니다. 만약 곡 전체가 협화음으로만 이루어져 있다면 우리는 빨리 지루함을 느낍니다. 편안한 상태만 유지되기 때문이죠. 불협화음이 감상하는 사람들을 불안하고 긴장하게 했다가 다시 협화음으로 해결하는 느낌을 주면 음악 감상이 더 재미있어지는 거랍니다.

그렇다면 반음계적 진행이란 또 무슨 말일까요? 피아노는 흰 건반과 검은 건반으로 이루어져 있고, '도'와 '레' 사이에는 검정 건반 하나가 있습니다. '도'와 '레' 사이의 간격을 '온음'이라고 한다면, '도'와 그 위 검정 건반 사이의 간격을 '반음'이라고 합니다. '미'와 '파' 사이에는 검정 건반이 없으니 이 둘도 반음 관계에 있다고 볼 수 있겠지요.

즉, 반음계적 진행이란 반음씩 음을 진행하는 것을 일컫는 말입니

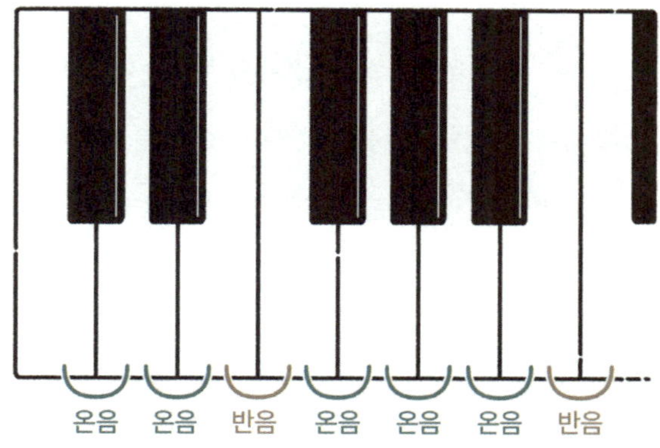

피아노에서의 반음과 온음 관계

다. 그런데 반음씩 음을 진행하면 불협화음이 완전히 해결될 것 같지 않은 느낌을 줄 뿐만 아니라, 조성이 사라져 음악의 방향성이 사라지는 느낌을 줍니다. '도, 레, 미, 파, 솔, 라, 시, 도'의 흰 건반만 연주하면 '다장조'라는 것을 알 수 있지만, '도, 도샵(#), 레, 레샵(#), 미, 파… 도'와 같이 12개 음을 연주하면 무슨 조인지 파악하기 어려운 것처럼 말이죠.

이러한 음악적 특성을 가진 〈트리스탄과 이졸데〉는 전체 악극의 음악을 들었을 때 확 사로잡는 멜로디도 드물고, 익숙하게 들리지 않습니다. 음악이 극의 분위기와 상황을 표현하는 데 더 집중돼 있기 때문이죠. 하지만 반복해서 듣다 보면 특유의 화음과 진행에 중독된 자신을 발견할 수 있을 것입니다. 그래서 바그너의 음악에 한번 빠지면 헤어나오기 어렵다는 말도 있지요.

히틀러가 사랑한
음악가

나치 독일 정권을 세워 제2차 세계대전을 일으킨 장본인이자 유럽계 유대인들을 조직적으로 학살한 아돌프 히틀러. 그는 어릴 적부터 오페라하우스를 찾아다닐 정도로 음악을 좋아했는데, 특히 바그너의 음악에 흠뻑 빠졌다고 알려져 있습니다. 공교롭게도 바그너 또한 히틀러처럼 유대인을 증오했다고 하죠. 바그너가 남긴 여러 에세이에 유대인에 관한 혐오감이 표출된 것으로 알려져 있습니다. 히틀러는 이러한 바그너의 정신을 흠모했으며, 게르만 민족의 단결과 독일 정신을 고취하는 데 그의 음악이 제격이라 생각했답니다.

그렇다면 바그너는 왜 유대인을 혐오했을까요? 바그너의 굴곡진 삶을 통해 그 힌트를 얻을 수 있습니다. 바그너는 오페라를 작곡하고 공연하며 생계를 이어갔습니다. 즉, 빚까지 져가며 막대한 공연을 치렀음에도 호응이 좋지 못하면 생계를 위협받게 됐다는 말이지요. 실제로 바그너는 극도의 빈곤을 자주 경험했습니다. 이 빈곤의 상처는 반유대주의로 이어집니다. 그는 부유한 유대인들에게 굽신대며 돈을 빌려야 하는 처지를 견디지 못했습니다. 심지어 여러 군데에서 돈을 빌리고도 갚지 않고 도망치기도 했죠.

바그너가 처음부터 유대인 전체를 증오했던 것은 아닙니다. 유대인 음악가 마이어베어는 바그너의 우상이었다고 알려지기도 했죠. 그는 20대 후반, 자신이 일하던 오페라하우스의 파산으로 인해 재정난에 시달렸고 파리에 도망치듯 건너왔어요. 그때 마이어베어에게 도움을 청합니다. 당시 마이어베어는 오페라의 대가로 소문났기에 그가 추진하는 공연이라면 어떤 오페라 극장도 믿고 맡길 정도였죠. 마이어베어는 딱한 바그너의 사정을 듣고 그를 돕기로 했습니다. 그러나 바그너가 두 편의 오페라를 열심히 완성했지만, 결국 여러 사정으로 인해 공연을 올리지 못합니다. 헛수고를 한 셈이죠.

파리에서의 초연이 어그러지자 이는 마이어베어에 대한 증오, 더 나아가 프랑스와 유대인을 향한 증오로 커집니다. 멘델스존이나 마이어베어와 같은 부유한 유대인 출신 음악가들과 자신의 처지를 끊임없이 비교하며 반유대주의를 키워간 것이죠.

그런 그의 음악을 히틀러는 광적으로 좋아했을 뿐만 아니라 정치적 목적으로 이용하고자 했어요. 독일 민족과 문화의 우수성을 내세우며, 독일인의 뜻을 하나로 모으는 데 바그너의 음악을 활용한 것이죠. 히틀러는 바그너와 같은 독일인의 음악은 영웅적이고 철학적 의미를 담지만, 유대인의 음악은 깊이가 없다며 배척했습니다. 특히 바그너의 〈탄호이저〉 서곡과 같이 웅장하고 승리를 표현한 듯한 음악은 자국민의 애국심을 일깨우는 데 제격이었죠. 히틀러는 현대음악에 관해 정돈되지 않은 음악이라며 신랄하게 비판하기도 했는데요. 바그너가 현대음악의 문을 연 장본인이라는 것을 생각하면 참으로 아이러니합니다.

바그너의 극성팬을 일컫는 말로 '바그네리안'이라는 용어가 존재합니다. 히틀러도 바그너의 음악을 광적으로 추종했으니 바그네리안 중 한 명이라고 볼 수 있겠죠. 잔혹한 독재자가 좋아했던 음악이라는 오명을 씌운 히틀러를, 다른 바그네리안들이 어떻게 생각할지 모르겠지만 말이죠.

바그네리안들은 길게는 16시간이나 되는 바그너의 작품을 스스럼없이 감상할 뿐만 아니라, 그가 자신의 악극 공연을 위해 직접 설계한 극장인 '바이로이트 축제극장'에 방문하는 것을 목표로 여행을 하기도 한답니다.

바그너의 음악이 클래식에 입문하려는 이들에게 다소 어렵게 느껴질 수 있지만, 그만큼 빠져나오기 어려운 매력을 지닌 것만은 확실한가 봅니다. 혹시 아나요? 이 글이 여러분을 '바그네리안'으로 만들 계기가 될지 말입니다.

Classic Playlist

·· **오페라 〈로엔그린〉 3막 전주곡과 '결혼식 합창'** 백조가 끄는 배를 타고 내려온 신비한 기사 '로엔그린'이 곤경에 처한 공작의 딸 '엘자'를 돕는 내용의 오페라입니다. 3막을 시작하기 전에 나오는 전주곡은 이 둘의 결혼을 선포하는 듯 힘찬 팡파르와 함께 나오죠. 뒤이어 우리에게 친숙한 결혼식 합창이 이어집니다. 현대에는 주로 피아노로 연주되곤 하는데, 합창으로 들었을 때의 신성함은 다른 매력을 보여줍니다.

·· **〈베젠동크 가곡집 5번〉 '꿈'** 바그너와 금지된 사랑에 빠진 베젠동크가 쓴 다섯 개의 시에 노래를 입힌 곡입니다. 혼란함 속에 사랑에 빠진 그가 작곡한 가곡 중 5번 '꿈'을 가사와 함께 감상하길 권합니다.

누구나 음악가가 될 수 있는 세상을 꿈꾸며

존 케이지
1912~1992년

국적　미국
사조　현대음악
대표곡　〈4분 33초〉

+ 존 케이지는 20세기 현대음악에 파격적인 영향력을 선사했던 예술가로, 독특하고 창의적인 방식으로 작곡했어요. 그의 곡을 처음 듣는 사람들은 '이게 음악이야?'라고 생각할 수 있지만, 그 속에 그만의 예술적 의도와 철학을 담았죠.

+ 그는 4분 33초 동안 어떠한 연주도 하지 않는 파격적인 곡을 선보였습니다. 주변에서 들려오는 자연물과 인공물이 우연히 만들어내는 소리가 창작해내는 음악을 청중이 감상하도록 의도한 것이었죠.

+ 전통적 형식을 벗어나 전자기기를 활용하거나 피아노 현 사이에 물체를 끼워 소리를 내는 등 실험적이고도 즉흥적인 요소를 듬뿍 활용해 신기한 음악을 많이 창작했습니다.

여러분들은 미술관에 가는 걸 좋아하나요? 다양한 미술 작품을 보다가 현대미술 작품을 마주했을 때 아마 이런 생각을 한 적이 있을 겁니다. '저건 나도 그릴 수 있겠는데?'

20세기에 접어들면서 예술가들은 창의적이고 혁신적인 예술적 표현 방법들을 찾기 시작했고, 예술의 경계도 정의하기 어려워졌어요. 마치 마르셀 뒤샹의 〈샘〉이라는 작품처럼, 사람들이 일상에서 쉽게 접하는 소변기를 전시하면 예술 작품으로 볼 수 있는가와 같은 질문을 하게 됐죠.

음악은 어떨까요? 현대음악을 감상하다 보면 당혹스럽지만 재미있는 순간을 자주 만나게 됩니다. 불협화음만을 이용해 연주한다거나, 바이올리니스트가 노래를 부른다거나, 타악기 연주자가 갑자기 소리를 지르는 순간들을 예로 들 수 있죠. 만약 피아니스트가 무대에 입장해서 4분 33초 동안 아무것도 연주하지 않고 퇴장한다면 어떨까요? 음악을 들으러 왔는데 음악을 연주하지 않는다니! 이러한 상황들도 음악으로 받아들일 수 있을까요?

어디까지가
음악일까?

현대음악을 받아들이기 이전에, 우리는 음악이란 무엇인지 정의할 필요가 있습니다. 미국의 음악교육학자 마우드 히키는 어느 날, 학생들에게 작곡을 가르치다가 독특한 수업 아이디어를 떠올렸습니다. 바로 학생들에게 음악을 정의할 기회를 주는 것이었어요. 음악에 관해 함께 정의하고 논의하면서 어디까지를 '음악'이라고 할 수 있는지 생각해보기로 한 것이죠.

여러분은 음악을 무엇이라고 생각하나요? 각자 정의한 음악에 대해 한번 적어볼까요?

음악이란?

예시 1. 뭔가 예쁘게 소리를 합쳐놓은 것이다.

예시 2. 사람들이 즐겨 듣는 소리의 어울림이다.

마우드 히키는 학생들과 음악에 대해 논의한 뒤, 아래와 같은 정의를 공유했다고 합니다.

"음악이란 작곡가에 의해 창조되어 표현적으로 구성된 소리와 침묵의 조직된 패턴이다. 소리는 높낮이, 빠르기, 크기, 길이가 다양하며

간단히 음악이란 '소리와 침묵으로 구성된 패턴'으로 정리할 수 있습니다. 어떤가요? 여러분은 이 정의에 동의하는지요?

그렇다면 앞서 소개한 당혹스러운 퍼포먼스들은 이 정의에 포함될 수 있을까요? 4분 33초 동안 아무것도 연주하지 않는 퍼포먼스를 예로 살펴봅시다. 연주자로부터 '소리'가 형성되지 않았기 때문에 음악의 범주에 들어가지 않는다고 생각할 수 있습니다. 하지만 연주자가 특정 연주를 하지 않는다고 해서 소리가 없다고 이야기할 수 있을까요?

연주자가 연주하지 않아도 공연장 안에서는 다양한 소리가 들려올 수 있습니다. 관객의 기침 소리, 수군대는 소리, 에어컨이 가동되는 소리, 물건이 떨어지는 소리 등이 있을 수 있죠. 여러분도 지금 책을 읽는 공간의 소리에 귀 기울여보세요. 상상했던 것보다 훨씬 많은 종류의 소리가 들려올 것입니다. 들려오는 모든 소리는 서로 다른 음색, 음의 길이, 셈여림, 높낮이 등을 갖고 있어요. 패턴은 바로 공간을 이루고 있는 사람과 사물들이 자연스럽게 규칙적으로 혹은 불규칙적으로 형성하고 있는 것입니다.

침묵도
음악이 될 수 있다

이 점을 작품 속에 담은 작곡가는 존 케이지로, 그 작품의 이름이 바로 〈4분 33초〉입니다. 1952년 8월 29일, 미국 뉴욕의 야외 공연장에서 이 작품은 처음 연주됐습니다. 관객들은 피아니스트가 악보를 펼치더니 피아노 뚜껑을 닫아버리는 모습을 보며 당황했죠. 그때 사람들은 점차 야외 공연장을 이루고 있는 수많은 소리를 듣기 시작했을 겁니다. 그것이 바로 존 케이지가 이 작품을 작곡한 의도였어요. 세상에 완전한 무음 상태는 없다는 것을 말하고 싶었던 것이죠.

존 케이지는 사람들이 당연하게 여겼던 삶 속 소리를 자연스럽게 탐색하길 바랐습니다. 그리고 이러한 그의 의도를 파악한 사람들은 이제 이 〈4분 33초〉라는 작품을 제대로 즐기기 시작했습니다.

2024년 4월 2일, 피아니스트 다닐 트리포노프가 한국에서 연 독

〈4분 33초〉의 악보.
실제 악보에는 어떤 음표도 그려져 있지 않다.

주회에서 앙코르로 존 케이지의 〈4분 33초〉를 연주했습니다. 어떤 일이 벌어졌을까요? 들려온 말에 의하면 관객들은 웃기도 하고, 피아니스트에게 "Love You!"를 외치기도 했답니다. 이 모든 소리가 그 공간을 이루고 있는 사람과 사물들에 의해 창작된 음악이었던 셈이죠.

이제 저는 앞서 소개한 음악의 정의에 한 가지 단어를 더 추가하고 싶습니다. 바로 '의도'입니다. 음악은 어떤 작품이든 의도를 갖고 작곡됩니다. 현대음악을 감상할 때 작곡가의 의도를 파악한다면 작품을 더 깊고 즐겁게 감상할 수 있을 것입니다.

난해한 현대음악을 쉽게 이해하는 법

사실 클래식을 즐겨 듣는 저 또한 20세기에 작곡된 현대음악을 즐기기는 어렵습니다. 수많은 불협화음과 어려운 리듬을 지니고 있어 작곡가의 의도를 파악하는 게 쉽지 않기 때문이죠.

정말 난해한 현대음악을 경험하고 싶다면 죄르지 리게티라는 작곡가의 〈바이올린 협주곡〉을 추천합니다. 헝가리계 루마니아인인 리게티는 20세기 현대음악에서 빼놓을 수 없는 작곡가로, 언제나 음악에 헝가리 민족 색채를 녹여내곤 했습니다. 특히 현대 음향과 관련된 복잡한 기법을 만들면서 영화 음악에도 큰 영향을 미쳤죠. 〈바이올린 협주곡〉과 같은 클래식 전통 공연 형태에서도 파격적으로 난해한 화성, 리듬, 퍼포먼스를 구성해 청중들에게 신선한 충격을 안겨주었습니다. 영국 BBC 음악평론가 스테펜 존슨은 〈바이올린 협주곡〉에 관해 "다양한 효과와 기법의 풍요로운 혼합, 다채로운 분위기와 색채의 야생적인 콜라주"라는 평을 남기기도 했습니다.

'콜라주'란 풀을 이용해 붙인다는 의미로, 신문지, 벽지, 악보, 헝겊, 비닐 등 다양한 재료를 붙여 형태를 구성하는 시각예술의 기법입니다. 음악에서는 어떻게 콜라주 느낌을 표현할 수 있었을까요? 아마도 수많은 불협화음 속에서 민족적 색채를 삽입하는 것으로 표현할 수 있었을 겁니다.

현대음악은 수많은 불협화음을 과감하게 사용합니다. 불협화음을 들을 때 우리는 편안함과는 정반대의 긴장을 느끼게 됩니다. 그러나 지속되는 긴장감 속에 드문드문 협화음과 친숙한 민속적 요소가 들려오면 나도 모르게 이완되면서 만족감을 느낍니다. 누군가는 긴장감을 즐기기도 하고, 퍼포먼스 상황 그 자체를 즐기기도 할 겁니다.

난해한 현대음악을 즐기는 방법 중 하나는 음악과 어울리는 추상미술을 함께 상상하거나 감상하는 것입니다. 마치 음악이 시각적으로 표현되는 듯한 느낌을 받기 때문이죠. 저는 리게티의 〈바이올린 협주곡〉을 들을 때면 칸딘스키의 추상화가 떠오르곤 합니다. 여러분은 어떤 추상화가 떠오르나요? 정해진 답은 없습니다. 그저 다양한 감각으로 음악을 즐길 수 있다면 충분합니다.

칸딘스키의 추상화 〈구성 8〉

현대인의 마음을
어루만지는 작품들

모든 현대음악이 존 케이지나 죄르지 리게티의 작품처럼 난해한 것은 아닙니다. 이전에 사용된 전통적 틀을 과감하게 깨면서도 사람들의 마음을 직접적으로 어루만지는 작품도 존재하죠. 그 대표적인 작품이 폴란드의 작곡가 헨릭 고레츠키의 〈교향곡 3번〉입니다.

1976년에 작곡된 이 곡은 '슬픈 노래들의 교향곡'이라는 부제를 갖고 있습니다. 50분 정도 길이의 이 곡의 모든 악장은 느린 템포를 유지하며, 계속해서 슬픈 분위기를 자아냅니다. 악장마다 다른 빠르기와 분위기를 형성하던 이전의 교향곡들과는 다른 음악적 구조를 보입니다.

고레츠키는 폴란드에서는 잘 알려졌지만, 그 외의 국가에서는 잘 알려지지 않은 작곡가입니다. 저 또한 이 작곡가를 안 지 얼마 되지 않았습니다. 유학을 위해 영어 수업을 해준 선생님의 아내가 폴란드인이었는데, 제2차 세계대전에 관해 이야기를 나누다 고레츠키 〈교향곡 3번〉을 추천해주셨어요. 무엇보다 이 곡을 감상하는 방법을 알려주셨는데 매우 인상 깊었습니다.

바로 모든 불을 끄고, 촛불 여러 개를 켠 뒤에 의자에 앉아서 명상하듯 곡을 감상하라는 것이었습니다. 그때마다 저절로 눈물이 난다며 말이지요. 그녀가 흘린 눈물의 의미는 역사적 맥락과도 관련이 있을 것입니다. 이 곡이 폴란드가 겪은 슬픈 전쟁의 역사를 담고 있기 때문입니다.

이 곡은 교향곡임에도 불구하고 소프라노가 노래를 부르는 형태로 이루어져 있습니다. 1악장에서는 성녀 마리아의 아들 예수가 십자가에 못 박힐 때 고통을 나누기 위한 염원을 담은 기도문을 가사로 사용했고, 2악장에는 나치 감옥에 새겨진 18세 소녀의 유서를, 3악장에서는 전쟁에서 아들을 잃은 어머니의 한을 담아냈습니다.

우리도 수많은 역사적 아픔을 가지고 있기에 이 음악을 들을 때 그들의 슬픔에 깊이 공감할 수 있을 거라 생각합니다. 3악장의 가사를 아래 해석해두었습니다. 가사를 먼저 읽고, 음악을 감상하길 권합니다.

그는 어디에 갔나요?
내가 가장 사랑하는 아들.
아마도 폭동 중에
가혹한 적들이 그를 죽였겠죠.

아, 너희, 악한 사람들이여
가장 거룩한 하나님의 이름으로
말해 주세요,
왜 내 아들을 죽였나요?

다시는

그의 울타리 안에 있지 못할 것이니

내 늙은 눈이 말라가도록

눈물을 흘리더라도

내 쓰라린 눈물이

오데르강을 만들어도

내 아들을 살려낼 순 없겠죠.

그는 무덤 속에 누워 있어요.

사람들에게 물어도

난 그가 어디에 있는지 모르겠어요.

아마 그 불쌍한 아이는

거친 도랑에 누워 있겠지.

그가 따뜻한 침대에 누울 수도 있었을 텐데

오, 하나님의 작은 새들아

그를 위해 노래하여라.

그의 어머니가

그를 찾지 못하니

그리고 당신, 하나님의 작은 꽃들아.

내 아들이 행복하게 자고 있을 수 있도록

그 주변에 활짝 피어나거라.

누구나 음악가가
될 수 있는 세상

현대음악 덕분에 음악의 범주가 넓어지면서 평범한 사람들도 음악을 쉽게 만들 수 있게 됐습니다. 특히 현대에는 기술 발전으로 인해 직접 악보를 그리거나 연주하지 않고 음악을 만들 수 있는 시대가 됐죠.

마우드 히키는 음악을 정의한 후 학생들과 어떤 활동을 했을까요? 바로 탐색입니다. 주변의 소리, 악기의 음색 등을 깊게 탐색하며 음악적 아이디어를 얻었죠. 실제 삶 속에서 들려오는 소리(물소리, 새소리, 차 경적 소리, 엄마의 잔소리 등)를 나만의 순서와 패턴으로 엮은 것이 현대음악으로 탄생하기도 하고, 주변의 소음을 녹음하여 새로 조합해 만든 음악을 '사운드스케이프(Soundscape)'라고 부르기도 한답니다.

여러분들도 한번 도전해보세요. 특정한 의도를 떠올리며 소리와 침묵의 패턴을 활용해보는 겁니다. 혹시 아나요? 연주할 줄 아는 악기 하나 없이 창의력만으로 음악을 창작해 이름을 알릴 수 있을지도요.

·· **〈풍경 속에서〉** 케이지의 작품 중 가장 덜 현대적인 곡 중 하나입니다. 피아노 또는 하프로 연주되는 곡으로, 끝없이 꿈속을 탐험하는 듯한 느낌을 자아내죠. 이 곡을 들을 때면 드뷔시의 〈꿈〉이 자연스레 연상되곤 합니다.

·· **〈상상의 풍경〉** 난해한 현대음악의 끝판 왕을 느껴보고 싶으신가요? 〈상상의 풍경〉만한 곡이 없습니다. 1번 작품은 특히 턴테이블이나 주파수 녹음기와 같은 전자기기를 필요로 하는 곡이죠.

·· **〈준비된 피아노를 위한 소나타〉 5번** 피아노 속에 넣은 나사, 볼트, 나뭇조각, 집게 등으로 인해 피아노의 음색 바뀌어 마치 타악기 합주를 듣는 듯한 곡입니다. 피아노를 대여해주는 콘서트홀에서는 반기지 않을 곡일 것 같네요! 그만큼 이 곡을 감상할 기회가 흔하지는 않겠죠?

암울한 시대를
음표로 옮기다

드미트리 쇼스타코비치
1906~1975년

국적 러시아
사조 현대음악
대표곡 〈재즈 오케스트라를 위한
모음곡〉 '왈츠 2번', 〈교향곡
5번〉, 〈피아노 협주곡 2번〉
1악장

+ 쇼스타코비치는 무자비한 독재자 스탈린 체제 아래 활동했던 음악가입니다. 스탈린 정권은 쇼스타코비치의 음악을 포함한 모든 예술을 정치적 목적으로 사용하고자 했죠.

+ 쇼스타코비치의 음악에 관한 평가는 크게 둘로 나뉩니다. 스탈린의 구미에 맞추어 소련의 공산주의 이념을 담은 음악이었다는 평과, 음악의 추상성을 활용해 스탈린 독재 정권을 비판하는 음악이라는 평이죠.

+ 정치적 의미를 떠나 쇼스타코비치가 20세기 현대음악을 발전시키는 데 크게 기여한 인물이었다는 점은 부인할 수 없을 겁니다.

중학생 시절, 인터넷을 하던 중 우연히 디즈니에서 제작한 〈판타지아 2000〉이라는 애니메이션을 발견했습니다. 이 영상의 매력은 배경음악으로 어떠한 효과음도 쓰지 않고, 순수한 클래식 음악만을 사용했다는 점이었어요. 마치 클래식 음악들이 이 영상에 맞추어 작곡되었다 해도 믿을 정도로요. 그중 러시아 출신 작곡가 드미트리 쇼스타코비치의 〈피아노 협주곡 2번〉 1악장을 사용한 영상이 가장 좋았습니다. 이 영상으로 작곡가 쇼스타코비치를 처음 접했어요.

그래서 저는 쇼스타코비치가 명랑하고 쾌활한 곡을 작곡하는 음악가라고 생각했어요. 그러나 그의 다른 곡을 듣고 나서 엄청난 착각이었음을 깨달았죠. 그의 삶과 음악 모두 명랑함이나 쾌활함과는 거리가 멀었답니다. 쇼스타코비치 자신도 아들의 모스크바 음악원 졸업 연주회를 위해 작곡한 이 협주곡에 대해 예술적 가치가 없다며 혹평할 정도였죠.

그렇다면 쇼스타코비치가 추구했던 음악적 가치는 무엇이었을까요? 그리고 그 가치는 어떻게 그의 음악으로 발현되었을까요?

욕망과 압박 사이의
외줄 타기

'교향곡 9번의 저주'라는 말을 들어본 적이 있나요? 바로 '9번 교향곡을 작곡하면 죽는다'는 징크스입니다. 이는 베토벤 이후 생긴 징크스인데요. 베토벤을 포함한 슈베르트, 브루크너, 드보르자크, 말러 등이 교향곡을 9번까지 작곡한 것을 끝으로 사망한 데서 비롯됐는데, 이 징크스를 피해 간 작곡가가 있었으니 그가 바로 드미트리 쇼스타코비치입니다.

그는 무려 15개의 교향곡을 작곡했는데요. 20세기 작곡가 중 이렇게 많은 교향곡을 작곡한 경우는 드뭅니다. 게다가 쇼스타코비치의 생애를 살펴보면 자유롭고 방대하게 예술 활동을 펼쳐나가기란 상상하기 어려웠습니다. 러시아의 억압된 사회적 분위기 때문이었죠. 혼란하고 규제가 심했던 러시아 사회 속에서 쇼스타코비치는 어떻게 예술 활동을 펼쳐나갈 수 있었던 걸까요?

1917년 러시아 혁명 이후 소련의 탄생을 주도한 레닌이 사망하자, 스탈린이 소련의 지도자가 되었습니다. 스탈린은 막강한 권력을 쥐기 위해 무자비한 독재 권력을 행사했습니다. 자신의 의견에 반하는 자들은 모두 학살했죠. 스탈린은 약 수천만 자국민의 목숨을 앗아갔고, 시민들은 자유롭게 의사를 표현할 수 없었습니다.

예술 분야도 마찬가지였습니다. 스탈린과 권력층은 예술을 국가

와 지도자에 대한 충성심, 애국정신을 고취하는 도구로 사용하도록
주도했죠. 쇼스타코비치 또한 무자비한 권력 앞에 순응할 수밖에 없
었습니다. 자칫 자신의 곡이 스탈린의 신경을 건드렸다가는 목숨을
잃을 수도 있었기 때문이에요.

그는 19세에 〈교향곡 1번〉을 작곡하여 초연한 이후, 소련의 유망
한 작곡가로 이름을 알립니다. 그런데 미래가 창창했던 그에게 신변
의 위협을 느낄 만한 위기가 찾아옵니다. 바로 오페라 〈므첸스크의
맥베스 부인〉을 작곡하여 무대에 올린 일입니다. 불륜과 살인을 포
함한 자극적인 내용 때문이었을까요. 스탈린은 오페라를 보던 도중
자리를 박차고 나갔죠. 며칠 후 신문에는 "음악이 아닌 난장판"이라
는 제목과 함께 이 오페라에 관해 "쓸데없는 노력 뒤에는 후회만 남
을 것이다"라는 등의 혹평이 쏟아졌습니다.

스탈린 정권은 예술인들을 즉결 처형하거나 시베리아로 유배 보

1934년 〈므첸스크의 맥베스 부인〉이 초연된 마린스키 극장

내는 등 문화계 대숙청을 진행했습니다. 쇼스타코비치는 보복에 대한 공포감에 시달릴 수밖에 없었어요. 그 시기 쇼스타코비치의 누이는 중앙아시아로 유배됐고, 그의 식구들은 실종됐으며, 친구는 처형되기까지 했으니 말이죠. 이후 쇼스타코비치는 예술적 욕구를 내려놓고 잠시 외부적 압력에 굴복할 수밖에 없었습니다. 훗날 그의 예술적 행보가 사회적, 정치적 비평을 받게 된 이유이기도 하죠.

아직도 그의 음악이
논쟁거리인 이유

스탈린은 어려움을 이겨내고 승리를 쟁취하는 듯한 낙관적 음악 그리고 조국과 현 정부에 헌신하는 혁명적 정신이 깃들 만한 민족적 음

악을 추구했어요. 쉽게 말해, 음악 초반에는 어둡고 무거운 분위기가 진행되다가도 마지막에는 환희와 기쁨의 분위기로 끝맺길 바랐죠. 그래서 쇼스타코비치의 〈교향곡 2번 '10월 혁명에 바침'〉이나 〈교향곡 3번 '5월 1일'〉과 같이 작품에 제목이 붙어 있는 음악을 선호했어요. 확실한 주제가 음악을 통해 전달되기를 바랐던 것입니다.

쇼스타코비치는 〈므첸스크의 맥베스 부인〉의 혹평 이후 권력자의 구미에 맞는 음악을 작곡하고자 〈교향곡 5번〉 작업에 돌입했습니다. 이 곡은 스탈린의 숙청이 한창일 때 작곡됐는데요. 쇼스타코비치는 이 곡을 발표할 당시 '당국의 정당한 비판에 대한 소비에트 예술가의 창조적 응답'이라는 부제를 붙였습니다. 이로써 권력자의 의도를 수용했음을 알렸죠. 이에 스탈린은 매우 흡족한 반응을 보였답니다. 그래서 〈교향곡 5번〉은 현재까지도 작품 해석에 대한 논쟁이 많습니다. 1970년대 한국에서는 공산주의 이념이 들어간 곡이라는 이유로 연주가 금지되기도 했죠.

스탈린이 추구한 음악에 빗댄다면, 〈교향곡 5번〉의 첫 세 악장은 조국이 직면한 어려움을 보여주다가 마지막에는 승리를 쟁취한 듯한 웅장함을 보여줍니다. 즉, 국민의 충성심을 고취하는 방향으로 만들어졌을 거라 예상할 수 있습니다.

하지만 훗날 쇼스타코비치는 첫 세 악장은 비극적인 느낌이지만 마지막 악장에서는 낙관적인 비전을 보여주려고 했다는 의도를 언급했죠. 바로 소련의 공포스러운 사회를 이겨내고자 하는 인간의 의지를 보여주고자 했다는 말이었습니다.

쇼스타코비치가 겪어야 했던 억압과 공포를 생각하면 이 해석이 일리가 없는 것은 아닙니다. 스탈린의 죽음 이후, 그는 '마치 몽둥이로 맞으며 웃으라는 명령을 받는 것처럼 살았다'고 증언하기도 했으니 말이에요. 만약 실제로 쇼스타코비치가 이러한 의도로 〈교향곡 5번〉을 작곡했다면, 초연 당시 40분간 박수갈채를 보낸 스탈린과 그 지지자들의 뒤통수를 친 것이나 다름없겠죠.

〈교향곡 5번〉은 연주 시간이 약 45분이나 되는 대곡입니다. 먼저 1악장을 들으며 쇼스타코비치가 인간의 비극을 어떻게 표현했는지 느껴본 뒤, 마지막 4악장을 감상해보세요. 쇼스타코비치가 정말 스탈린 정부에 굴복하여 만든 곡인지, 내면에 숨겨진 반항적 메시지를 곡에 담은 것인지 파악하며 감상한다면 이 음악이 새롭게 다가올 것입니다.

만약 그에게 자유가 주어졌다면

쇼스타코비치는 이후에도 여러 위기를 경험했습니다. 스탈린의 구미에 맞지 않는 곡을 선보이고 나면 국가로부터 매서운 비판을 받았죠. 그래서 항상 자신의 예술적 욕망과 스탈린의 요구 사이에서 외줄 타기 하듯 작곡을 이어갔습니다.

그가 비로소 창작의 자유를 얻게 된 것은 1953년, 스탈린의 죽음 이후였습니다. 그는 현악 4중주, 바이올린 협주곡, 첼로 협주곡, 피아노 협주곡 2번, 가곡, 교향곡 등으로 폭넓은 작곡 활동을 이어 나갔죠. 그중 우리에게 가장 잘 알려진 작품은 바로 〈다양한 오케스트라를 위한 모음곡〉 중 '왈츠 2번'입니다.

왈츠란, 남녀가 원을 그리며 추는 경쾌한 3박자 춤곡을 의미합니다. 하지만 쇼스타코비치의 왈츠에는 그리움, 애환, 슬픔 등 다양한 감정이 녹아 있죠. 실제로 쇼스타코비치는 영화 음악을 위한 기악곡을 많이 작곡했습니다. '왈츠 2번'이 실린 모음곡 또한 러시아 영화 〈첫 번째 에셸론〉을 위해 작곡된 것으로 알려져 있죠.

쇼스타코비치의 작품에 대해서는 현재까지도 많은 논란과 다양한 해석이 존재합니다. 스탈린의 독재를 옹호한 것인가? 생존을 위한 어쩔 수 없는 선택이었는가? 아니면 음악의 추상성을 이용해 교묘히 정치 체제를 비판했는가? 그 의도가 무엇이었든 쇼스타코비치가 20세기 현대음악의 발전에 기여했다는 점 그리고 창작에 대한 열망이 매우 높았다는 점만은 부인할 수 없는 사실입니다.

만약 쇼스타코비치가 정치적 압박이 없는 세상에서 실험적 음악을 자유롭게 작곡했다면, 어떤 새로운 음악 세계가 펼쳐졌을지 상상해보게 됩니다.

"내 교향곡은 대부분이 묘비명이다. 너무 많은 사람이 죽었고, 어디에 묻혔는지도 모른다. 그들의 묘비를 어디에 세우겠는가. 오직 음악만이 그 일을 할 수 있었다."

_드미트리 쇼스타코비치의 회고록, 《증언》 중에서

Classic Playlist

··〈**현악 4중주 8번**〉 **2악장** 폭발적인 에너지를 발산하며 연주해야 하는 곡 중 하나로, 뒤엉킨 불협화음과 강렬한 셈여림이 뇌리에 박히는 경험을 할 수 있는 곡입니다.

··〈**바이올린 협주곡 1번**〉 **4악장** 솔로 바이올린 홀로 카덴차로 음악을 고조시키다가 오케스트라가 이를 이어받아 경쾌한 리듬을 연주합니다. 독주자에게는 강도 높은 헬스 트레이닝이나 다름없는 곡입니다.

··〈**교향곡 7번**〉 **4악장** 압도적인 규모의 오케스트라로 연주되어 마치 영화를 보는 것 같은 착각이 들곤 합니다. 이 곡은 전쟁으로 인해 회의감에 빠진 소련 인민들에게 승리 의지를 북돋아주었다는 평가를 받곤 했습니다. 그만큼 웅장한 엔딩을 자랑하죠.

사무친 그리움이 그려낸
위로의 멜로디

안토닌 드보르자크
1841~1904년

국적　　체코
사조　　민족주의(국민악파)
대표곡　〈슬라브 무곡 Op.72 2번〉,
　　　　　〈슬라브 무곡 Op.46 8번〉,
　　　　　〈교향곡 9번〉 4악장, 〈현악
　　　　　4중주〉 1악장 '아메리칸'

+ 체코에서 태어나 민족주의 음악에 눈뜬 드보르자크는 주로 보헤미아 지방의 민요나 춤곡의 특성을 반영한 음악을 작곡했습니다. 그중 슬라브 민요와 춤곡을 바탕으로 작곡한 〈슬라브 무곡〉은 드보르자크가 음악가로서 입지를 다지는 데 큰 영향을 미쳤죠.

+ 드보르자크는 뉴욕 국립 음악원장의 자리로 초청받아 장기간 미국으로 떠났습니다. 엄청난 기차 마니아였던 드보르자크에게 산업화가 이루어진 미국이란 매우 흥미로운 국가였죠.

+ 그러나 고향에 대한 애착이 컸던 드보르자크에게 향수병이 찾아옵니다. 고향을 향한 짙은 그리움을 음악에 담아 〈교향곡 9번〉, 〈첼로 협주곡〉과 같은 세기의 명곡을 남겼죠.

미국에 유학 가기 전, 저는 절대 향수병을 느끼지 않을 거라 자신했습니다. 오랜 기간 독립적으로 살아왔기 때문이었죠. 하지만 실제로 유학을 가니 현실은 달랐습니다. 이방인으로서 낯선 도시에 산다는 것이 매 순간 실감 났죠.

그렇게 몇 달이 지나니 향수병이 스르륵 찾아왔습니다. 같은 언어, 문화, 감정을 공유하는 사람들을 향한 그리움은 갈수록 커졌습니다. 오매불망 기다리던 방학이 찾아와 오랜만에 인천공항에 도착한 순간의 감정은 이루 말할 수 없었습니다. 어디에서나 보이는 한글과 익숙하게 들려오는 모국어, 친숙한 풍경을 보고 있자니 타지에서 묵혀왔던 긴장이 눈 녹듯이 사라졌습니다.

체코 출신의 작곡가 안토닌 드보르자크도 저처럼 향수병을 경험했나 봅니다. 그가 고향을 떠나 미국을 향했던 1892년의 모습을 한번 상상해볼까요? 그 당시에는 비행기가 없으니 오랜 시간에 걸쳐 배로 이동해야 했죠. 또 지금은 보고 싶은 가족이 있다면 영상통화를 할 수 있지만, 그때는 국제전화를 거는 것조차 어려운 일이었을 겁니다. 아마도 드보르자크는 제가 경험한 것보다 훨씬 심한 향수병을 경험했을 거예요. 물론 그 덕분에 애절한 선율을 가진 그의 명곡들이 탄생할 수 있게 됐지만 말이죠.

체코의 민족성을
음악으로 표현하다

드보르자크는 1841년 보헤미아(현재 체코의 한 마을)에서 태어났습니다. 그 당시 보헤미아는 오스트리아 합스부르크 왕가의 지배 아래 있었는데요. 체코인들은 체코어가 아닌 독일어를 사용하도록 강요받았고, 가톨릭으로 개종해야 했습니다. 이 당시 프랑스, 독일, 영국을 포함한 유럽은 자유와 평등의 근대 시민 사상을 정착시키기 위한 혁명적인 움직임이 활발했던 시기였어요.

1859년에는 체코에서도 정치적 독립을 찾기 위한 민족주의 운동이 일어나는데요. 이런 상황에서 드보르자크는 민족주의 음악에 눈을 뜨게 됩니다. 민족주의 음악이란, 말 그대로 민족의 고유한 특색을 음악에 담은 하나의 음악 사조를 뜻합니다. 드보르자크는 1866년, 본격적으로 체코 민족주의 음악의 부흥을 일으킨 베드르지흐 스메타나의 음악을 접하면서 민족적 요소를 음악에 듬뿍 담아내기 시작했습니다. 그 대표적인 곡이 바로 〈슬라브 무곡〉입니다.

당시 유명 작곡가 브람스의 〈헝가리 무곡〉이 대단한 호평을 받는 것을 본 드보르자크는, 보헤미아와 발칸반도 슬라브 지방 일대에 흩어져 있던 춤곡을 수집해 작곡하기로 해요. 처음 〈슬라브 무곡〉은 한 피아노를 피아니스트 두 명이 연주하는 2중주로 작곡됐고, 이후 관현악을 위한 곡으로 편곡됩니다.

민족성이 확연히 드러나는 이 곡은 마치 '아리랑'이 한국의 민족성을 드러내는 것과 같은 느낌을 줍니다. 〈슬라브 무곡〉은 총 16개의 곡으로 이루어져 있는데, 그중 〈슬라브 무곡 Op.46 8번〉은 춤곡의 활기차고 박진감 넘치는 리듬을, 〈슬라브 무곡 Op.72 2번〉은 슬라브 민족의 향토적인 색채를 짙게 느낄 수 있는 곡이죠. 이 두 곡을 비교하며 감상해보면 '슬라브적인 느낌'이 무엇인지 알 수 있을 것이라 믿습니다.

신세계 미국에서 받은
컬처 쇼크

드보르자크가 그토록 사랑하던 고향을 두고 미국으로 떠나게 된 이유는 무엇일까요? 그는 당시 유럽에서 매우 인기 있는 작곡가였기에 그 명성이 미국까지 퍼집니다. 그래서 드보르자크는 뉴욕의 국립 음악원을 세운 재닛 더버로부터 음악원장의 자리를 제안받죠.

뉴욕에서 온 편지를 읽은 체코 토박이 드보르자크는 고민에 빠졌어요. 그가 제안받은 자리는 연봉도 높고 업무도 유연하게 할 수 있어 솔깃했습니다. 하지만 이를 수락한다면 고향 땅이 아닌 완전히 다른 대륙의 새로운 세계로 떠나야 했죠. 고민을 거듭한 끝에 드보르자크는 용기를 내어 미국에 가기로 결정합니다.

미국행을 결정한 가장 큰 이유는 새로운 세계에 대한 동경이었습니다. 특히 드보르자크는 '기차 마니아'로 알려져 있는데요. 어릴 적 살았던 시골 마을에 기찻길이 열리면서 그는 기차와 사랑에 빠지고 맙니다. 드보르자크는 항상 노트와 펜을 지니며 기차의 모습을 관찰하고 기록했으며, 심지어 새로 개발된 기관차를 관찰할 시간이 없자 제자를 보내 기관차의 제조 번호를 알아오라고 시킬 정도였다고 합니다. 기차에 대한 애정이 그 당시 산업화가 이루어진 미국에 대한 호기심과 열망을 불러일으켰을지도 모릅니다.

드보르자크가 빠져 있던 증기 기관차

1892년 미국에 도착한 드보르자크와 그의 가족들

　1892년, 미국에 도착한 드보르자크는 크나큰 문화 충격을 받습니다. 권리와 독립성 쟁취를 목적으로 한 체코의 혁명 사상 그리고 민족성을 중시했던 드보르자크가 미국에서 발견한 것은 흑인에 대한 극심한 차별이었어요. 19세기까지 미국은 노예로 끌려온 흑인들을 차별하는 걸 당연하게 여겼습니다. 그러나 드보르자크는 스스럼없이 흑인들과 교류하며 미국의 민족음악이 나아갈 방향을 찾고자 했죠.

　그는 국립 음악원을 재학 중이던 흑인 헨리 벌레이와의 만남을 통해 흑인 영가와 노래를 접했고, 그 선율을 미국의 민족음악을 만들기 위한 좋은 재료로 여겼습니다. 그렇게 드보르자크는 당시 사회적 소수집단이던 인디언과 흑인의 토착 선율을 바탕으로 미국 특유의 민족음악을 창작할 수 있다고 주장했습니다. 그 대표적인 작품이 바로

〈교향곡 9번〉 '신세계로부터'입니다. 특히 2악장과 3악장에 사용된 주제 선율이 흑인 영가와 원주민 음악으로부터 영감을 받은 것으로 알려져 있죠.

이 곡은 단연 4악장이 가장 잘 알려져 있습니다. 특히 4악장 초반 부분은 드보르자크가 좋아했던 기차가 점점 빠르게 출발해나가는 모습에서 영감을 받았을 것이라는 해석도 있습니다. 이 곡이 미국에 관한 음악이 아닌 체코를 그리워하는 마음을 담은 음악이라는 해석도 있습니다. 신세계 미국에서의 경험이 복합적으로 담긴 〈교향곡 9번〉을 함께 감상해봅시다.

그의 그리움이
그의 아름다움으로

1893년 미국에서의 여름, 드보르자크는 그리운 고향이 떠올라 힘든 나날을 보내고 있었습니다. 그러던 중 미국으로 건너와 함께 생활했던 비서 요제프 얀 코바르지크가 자신의 부모가 살던 마을로 초대합니다. 체코 이민자들이 많이 모여 살던 스필빌이라는 곳이었죠. 드보르자크는 기쁜 마음으로 가족과 함께 스필빌로 떠났습니다.

체코 이민자들이 오랜 기간 일구어온 스필빌은 드보르자크에게 고향에 온 듯한 느낌을 주었습니다. 그는 스필빌에서의 생활을 즐겼는데, 그곳에서의 행복한 감정을 담아 작곡한 곡이 바로 〈현악 4중주〉 1악장 '아메리칸'입니다. 드보르자크가 이 곡을 스케치하는 데에는 고작 3일, 완성하는 데에는 보름밖에 걸리지 않았다고 합니다. 그리고 이 곡의 부제를 '스필빌'이라고 붙이려 했다가, 나중에 '아메리칸'이라고 수정했다는 말도 전해집니다.

〈현악 4중주〉 1악장 '아메리칸'에서 비올라가 연주하는 민속적 멜로디는 미국의 한 시골 마을의 평화로운 분위기를 떠올리게 만듭니다. 그리고 곡 중간중간 나오는 리듬이 규칙적으로 들려오는 기차의 바퀴 소리를 연상케 합니다.

한 해가 지난 후 체코에서 휴가를 보낸 드보르자크는 미국으로 돌아가고 싶지 않았지만, 국립 음악원과의 계약 기간으로 인해 어쩔 수 없이 돌아갑니다. 이때 미국에 돌아온 드보르자크는 현재까지도 매우 사랑받고 있는 대곡을 씁니다. 바로 〈첼로 협주곡〉입니다.

그의 〈첼로 협주곡〉은 높은 테크닉과 음악성을 요구하기에 첼로를 전공하는 학생들이 필수로 연주해야 하는 곡이기도 하죠. 드보르자크의 〈첼로 협주곡〉 1악장의 제2주제에는 고향을 그리워하는 마음이 사뭇 드러납니다. 특히 중후하고도 포근한 음색을 지닌 첼로 연주곡이기에 더 따뜻하고 특별하게 느껴집니다.

드보르자크는 결국 국립 음악원과의 계약 기간을 다 채우지 못한 채 체코로 돌아갔습니다. 미국에서의 생활을 힘들어했다고 알려져 있지만, 만약 그가 미국에서 생활하지 않았다면 체류 3년간 작곡된 명곡이 세상에 나오지 못했을지도 모릅니다.

여러분은 무엇인가 그리울 때 어떤 방법으로 마음을 달래나요? 저는 힘든 유학 생활을 드보르자크의 〈첼로 협주곡〉으로 위로받았습니다. 만약 누구에게도 말 못 할 힘든 일이 있다면 드보르자크의 음악을 들어보는 것은 어떨까요? 교향곡 같은 웅장함 가운데 흘러나오는 아름다운 음색과 멜로디가 분명 마음을 따뜻하게 해줄 테니까요.

Classic Playlist

·· **〈교향곡 8번〉 4악장** 시골 감성을 좋아하는 저로서 사랑할 수밖에 없는 곡입니다. 드보르자크가 보헤미아 시골 마을에서 평화로이 작곡한 것으로 알려진 이 곡의 4악장은 토속적인 리듬과 선율이 특히 재미있답니다.

·· **〈유모레스크〉** 드보르자크의 곡 중 대중에게 가장 많이 알려진 곡이 아닐까 싶습니다. 피아노를 위해 작곡된 곡이지만, 전 바이올린 편곡 버전을 좋아하는 편입니다. 재치있는 리듬으로 춤추는 듯하다가 중간중간 왠지 모를 뭉클함도 느껴지는 명곡이죠.

죽음과 삶 사이의
아픔을 그려내다

구스타프 말러
1860~1911년

국적　체코→오스트리아
사조　후기 낭만주의
대표곡　〈교향곡 1번 '거인'〉, 〈교향곡
　　　　　5번〉 4악장, 〈교향곡 2번〉
　　　　　5악장

+ 어릴 적부터 주변 사람들을 통해 죽음을 일찍 접한 말러는 이 영향으로 형성된 개인의 철학, 감정, 삶의 가치 등을 음악에 담아 표현했습니다. 특히 말러가 작곡한 교향곡들은 후기 낭만주의를 대표하는 작품으로 평가되었죠.

+ 사랑꾼이었던 말러는 '빈의 아름다운 꽃'이라 불리던 여인 '알마 말러'를 만나 결혼합니다. 그녀를 향한 애틋한 사랑이 담겨 있는 곡이 바로 〈교향곡 5번〉 4악장입니다.

+ 곡의 압도적인 길이, 다소 난해한 특성으로 인해 그는 많은 비평가의 혹평을 받아왔습니다. 그러나 "언젠가 나의 시대가 올 것이다"라고 선언한 그의 말처럼, 인간의 모든 아픔을 담아낸 그의 음악은 현재까지도 수많은 현대인에게 위로를 건네고 있습니다.

고등학교를 졸업하고, 수능을 마친 저는 오랜만에 친구와 문화생활을 즐길 겸 예술의 전당으로 향했습니다. 공연 2부의 마지막 곡은 구스타프 말러의 〈교향곡 1번 '거인'〉이었죠. 제 인생 처음으로 말러를 접한 순간이었습니다. 그런데… 첫 기억이 좋지는 않았습니다. 1시간이나 되는 긴 연주와 전혀 이해할 수 없는 음악에 빨리 나가고 싶다는 생각만 했었거든요.

클래식 입문자들에게 말러의 곡은 다소 어렵게 느껴집니다. 그 이유는 말러의 인생과 깊은 연관이 있습니다. 항상 '죽음' 가까이서 살던 말러는 삶과 죽음에 대해 끊임없이 고찰했습니다. 자신이 느낀 감정, 철학, 의미를 오롯이 담은 그의 음악은 조금 무겁고, 심오할 수밖에 없었습니다.

이는 후기 낭만주의의 특징이기도 했습니다. 후기 낭만주의 음악에는 개인의 철학이나 감정이 스스럼없이 녹아 있었거든요. 이를 받아들이느냐 마느냐는 청중들의 몫이었죠. 그래서 말러의 교향곡들은 후기 낭만주의를 대표하는 음악으로 불리기도 합니다.

말러의 음악을 감상할 때는 예습이 필요합니다. 말러가 어떤 삶을 살았는지, 음악을 통해 무엇을 의도했는지, 어떤 작품을 인용했는지 등을 파악해야 잘 이해할 수 있죠.

생각만 해도 번거로운가요? 하지만 말러의 음악에 한번 빠지면 쉽게 헤어나올 수 없을 겁니다. 말러의 열렬한 애호가를 칭하는 '말러리안'이라는 용어가 있을 정도니까요. 그런 그의 음악에는 어떤 매력이 있는 걸까요?

늘 그의 곁을 맴돌던 죽음의 그림자

말러는 1860년 보헤미아에서 유대인으로 태어났습니다. 당시 말러의 가족들은 유대인을 대상으로 한 독일인과 체코인의 핍박 속에서 이방인으로 살아가야 했습니다.

열 살 때 피아노 독주회를 할 만큼 음악적 재능을 보인 말러는 열다섯 살에 오스트리아 최고 대학인 빈 대학에 입학하여 음악을 중심으로 철학, 역사, 문학 등을 공부합니다. 그는 어릴 적부터 다양한 지역을 오가며 인종적, 국가적 정체성을 한곳에서 뿌리내리지 못한 채 살아야 했던 자신에 대해 이렇게 표현하기도 했습니다.

"나는 삼중으로 고향이 없는 사람이다. 오스트리아 사람들 사이에서 또 그는 혹독한 어린 시절을 보냈습니다. 말러는 열네 형제자매 중 둘째로 태어났습니다. 하지만 장남을 포함한 여섯 명이 유아기에 죽고, 청소년기에 두 살 어린 남동생이 죽었으며, 성인이 됐을 땐 부모님과 여동생이 연이어 세상을 떠났습니다. 그리고 남동생 중 한 명은 자살을 택하고 말았죠. 그의 아버지는 어린 말러의 음악적 재능을 알아챈 장본인입니다. 하지만 아버지는 아이들이 보는 앞에서 어머니를 상습적으로 폭행했고, 가정 폭력을 보며 자란 말러는 아버지에 대한 증오심이 가득했습니다.

복잡한 가정사는 말러에게 일찍이 정신적 고통을 안겨주었고, 어린 시절의 충격은 말러의 음악에도 큰 영향을 미쳤습니다. 그런데 도대체 그의 음악의 어떤 부분에서 말러의 삶이 드러난다는 것일까요?

말러의 〈교향곡 1번 '거인'〉 3악장의 한 부분을 예로 들어봅시다. 추적추적 걷는 듯한 팀파니의 일정한 박자 위로 익숙한 선율이 들려옵니다.

"우리 서로 학교 길에 만나면~ 만나면~ 웃는 얼굴 하고 인사 나눕시다. 얘들아~ 안~녕."

교과서에 수록된 동요 〈안녕〉(영어권에서는 〈존 형제〉)의 선율이, 가장 낮은 음역을 지닌 콘트라베이스의 음색과 함께 어두운 단조로 들려옵니다. 다양한 악기로 선율을 연주한 이후에는 카바레(무도장에서 악단이 연주하는 음악 혹은 쇼를 즐기거나 춤출 수 있도록 만든 술집) 풍의 연주가 들려오죠. 감히 진중한 교향곡에 가벼운 동요나 카바레의 선율을 넣다니? 이러한 이유로 당시 〈교향곡 1번 '거인'〉을 공개했을 때 수많은 비평가의 혹평을 피할 수 없었습니다.

말러는 이 곡을 통해 무엇을 의도한 걸까요? 여러 해석 중 하나는 바로 말러가 일찍 떠나보낸 어린 형제자매들을 떠올리며 동요 선율을 넣었다는 것입니다. 어두운 분위기의 동요 멜로디와 밝은 분위기의 카바레풍 음악이 교차되며 마치 어린 시절을 회상하는 듯한 느낌을 자아내죠.

만약 작곡가의 배경과 사상을 연결 짓지 않으면, 우리는 그저 '친숙한 멜로디가 흘러나오는구나' 하며 감상을 마무리할 것입니다. 하지만 말러가 곳곳에 숨겨놓은 의도를 찾아내어 맥락을 연결 짓고 다양한 해석을 해본다면, 그 과정에서 어느 순간 말러의 매력에 빠져들고 말 겁니다.

조심스러운 사랑에
감히 음표를 붙인다면

말러의 삶이 항상 어두웠던 것은 아닙니다. 핑크빛 사랑이 찾아온 순간도 있었죠. 후기 낭만주의 작곡가답게 말러는 이러한 사랑의 감정까지 음악에 오롯이 담아내고자 했습니다.

말러의 진짜 사랑은 알마 말러를 만난 이후 시작됐습니다. 알마는 예술가 집안의 딸로 태어나 '빈의 아름다운 꽃'이라는 별명을 지닐 만큼 매력적인 여성이었습니다. 그리고 알마는 남성의 외모보다 예술적 면모에서 매력을 느끼곤 했죠. 그래서 많은 예술가와 연인 관계를 맺기도 했습니다. 그녀의 연인이었던 대표적인 화가가 바로 〈키스〉라는 작품을 그린 구스타프 클림트였어요. 공교롭게도 구스타프 말러와 같은 이름을 지닌 빈의 유명 예술가였습니다.

1901년 41세의 말러는 22세의 알마와 결혼에 골인했습니다. 바로 〈교향곡 5번〉을 작업하는 중이었죠. 이 순간이 아마 말러에게 찾아온 가장 행복한 순간이 아니었을까 싶습니다. 빈에서 가장 아름다운 그리고 진심으로 사랑하는 여인과 결혼하다니요. 말러는 〈교향곡 5번〉의 4악장에 그녀를 위한 사랑의 감정을 녹여냈습니다. 그는 이 악장이 '알마를 향한 사랑의 선언'임을 언급했죠.

그 시기 말러가 심각한 장 출혈을 앓고 있었던지라 1악장은 여전히 장송행진곡(장사 지내는 행렬이 행진할 때 연주하는 슬프고 느린 곡) 같은 분위기로 시작하지만, 4악장에서는 그와 상반된 서정적이고 아름다운 분위기가 펼쳐집니다. 4악장은 하프와 현악기의 음색으로만 이루어져 있는데, 느리지만 현악기의 애틋하고 간절한 선율 그리고 반짝반짝 빛나는 듯한 금빛 하프의 음색이 인상적입니다.

구스타프 클림트, 〈키스〉

죽음 이후 찾아온
그의 시대

결혼 후 행복할 줄만 알았던 말러의 인생에 또다시 어둠의 그림자가 드리웁니다. 1907년 큰딸이 죽음을 맞았고, 말러 본인도 심장병이 생겨 생명의 위협을 느끼게 됩니다. 알마는 큰딸이 세상을 떠난 충격에 우울증에 걸렸습니다. 설상가상으로 그가 일하던 빈 궁정 오페라 극장은 유대인 차별이 심했고, 까탈스러운 말러의 태도로 인해 결국 직장을 잃게 됐죠.

어쩔 수 없이 말러는 가족과 함께 미국으로 떠났지만, 아내 알마는 미국 생활에 적응하지 못해 다시 오스트리아의 작은 시골 마을로 돌아갑니다. 그런데 미국에 홀로 남겨진 말러를 두고 알마는 다른 남자를 만나 교제를 시작하죠. 이를 알게 된 말러의 집착은 심해졌지만, 한번 떠나간 사랑을 붙잡을 순 없었어요. 결국 그는 혼자 남게 될 두려움 때문에 극도의 정신적 불안까지 갖게 됩니다. 1911년 2월, 말러는 심장병이 심각해지자 유럽으로 돌아가 치료를 받았지만 완치에 실패하고, 결국 알마의 곁에서 51세의 나이에 세상을 떠납니다.

어느 한순간도 쉽지 않았던 말러의 인생. 그럼에도 그는 모든 아픔을 음악으로 승화했습니다. 말러는 다른 사람이 자신의 음악에 관해 어떻게 평가하든 상관없이 뚝심 있게 자신만의 음악 세계를 펼쳐 나갔습니다. 생전에 그는 "언젠가 나의 시대가 올 것이다"라고 말했다고 하죠. 그의 말처럼 말러의 음악 세계는 그가 죽은 후에야 전 세계인들에게 인정받습니다. 아마 음악 속에 숨겨진 다양한 감정이 수많은 현대인에게 위로가 됐기 때문이 아닐까요.

·· **〈교향곡 8번〉** 오케스트라와 합창단을 포함해 1천 명이 넘는 연주자들이 참여한다고 하여 '천인 교향곡'이라는 별명이 있기도 합니다. 특히 2부는 괴테의 희곡 《파우스트》에서 파우스트가 구원받는 마지막 장면을 표현합니다. 대규모의 합창단과 오케스트라의 다채로움 덕분에 하늘을 나는 듯한 신비함, 신성함, 웅장함을 느낄 수 있습니다. 합창의 가사가 한글로 번역된 연주 영상을 감상해보길 권해드립니다.

·· **〈방랑하는 젊은이의 노래〉** 총 4개의 가곡으로 이루어진 곡으로, 말러가 20대 초반 '리히터'라는 소프라노와 사랑이 이루어지지 않은 실연의 아픔을 표현한 곡입니다. 오케스트라의 반주로 이루어져 있기에 교향곡을 듣는 것 같은 느낌을 받을 수 있죠. 특히 이 가곡에 사용된 선율이 〈교향곡 1번〉에서도 등장하기도 합니다.

Part 4

취향과 감성에 따라
골라 듣는 클래식 리스트

교양에 취하고 싶을 때, 감성이 차오를 때, 사색이 필요할 때… 그때마다 삶의 배경음악으로 정하고 싶은 음악은 달라지기 마련이죠. 다양한 캐릭터와 감성을 지닌 클래식 작곡가들을 알아두면 인생의 순간마다 선택할 수 있는 플레이리스트도 다양해집니다.

Part 4에서는 취향과 감성에 따라 들으면 좋을 만한 클래식 대표곡들을 소개합니다. 음악 뒤에 숨겨진 재미있는 이야기까지 알게 된다면 클래식을 더 깊이 있게 즐길 수 있을 거예요.

사랑의 힘이
무엇이냐고 묻는다면

에드워드 엘가
1857~1934년

국적	영국
사조	낭만주의
대표곡	〈사랑의 인사〉, 〈수수께끼 변주곡 9변주 '님로드'〉, 〈첼로 협주곡 Op.85〉

+ 엘가는 몇 없는 영국 출신 클래식 작곡가 중 한 명입니다. 경제적 어려움으로 인해 음악을 독학으로 배워야 했고, 약 30년 동안 무명의 작곡가로 생활했죠.

+ 그러다 엘가는 인생을 송두리째 바꾼 여인 앨리스를 만나게 됩니다. 앨리스는 엘가가 작곡가로서 생활을 이어 나가도록 곁에서 끊임없이 응원했어요. 앨리스 집안의 반대에도 불구하고 서로 사랑했기에 결혼을 강행하여 부부가 됐답니다.

+ 사랑하는 약혼자 앨리스를 위해 작곡한 곡이 바로 〈사랑의 인사〉입니다. 엘가는 앨리스 덕분에 자신감을 얻어 작곡가로서 이름을 알릴 수 있었죠.

아마 대학교 졸업식에서 가장 많이 연주되는 클래식 음악을 꼽자면 에드워드 엘가의 〈위풍당당 행진곡〉 아닐까요? 특히 곡이 시작된 지 2분 정도 흐른 뒤에 나오는 일정한 리듬과 멜로디, 점점 고조되는 음향은 위풍당당함 그 자체입니다.

이 곡은 성공적인 초연 이후, 영국 국왕 에드워드 7세의 대관식 음악으로 사용됩니다. 이후 미국 예일대학교의 음악 교수 새뮤얼 샌포드가 친구 엘가를 학교에 초대해 명예박사 학위를 수여하는데요. 그때 〈위풍당당 행진곡〉으로 행사를 마무리했고, 이후 수많은 미국 대학에서 엘가의 행진곡을 사용하게 됐답니다.

이 에피소드를 들으면 마치 엘가가 평생 성공적인 삶을 살아온 것 같겠지만, 사실 그는 작곡에 대한 자신감이 크지 않았습니다. 경제적인 어려움 때문에 제대로 된 음악교육을 받을 수 없어 독학으로 음악을 익혔기 때문입니다. 악기점을 운영하며 피아노 조율사, 오르간 주자, 바이올리니스트 등으로 일해온 아버지 곁에서 자연스럽게 음악에 관심을 가졌고, 소년 시절부터 틈틈이 작곡도 했지만, 약 30년의 세월을 무명 작곡가로 살아갔죠.

그는 오르간을 연주하고 여러 악기를 가르치며 생계를 꾸려갔습니다. 그러던 중 인생을 바꾼 한 여인을 만나게 됩니다. 훗날 그의 아내가 되는 앨리스를 만난 것이죠. 8살 연상이었던 그녀는 엘가에게 피아노를 배우러 온 제자였답니다. 앨리스는 엘가가 계속해서 작곡하도록 끊임없이 용기와 자신감을 불어넣은 장본인이었습니다. 우리에게 친숙한 엘가의 곡들은 모두 앨리스를 만난 이후에 쓰였습니다.

그러나 이 둘이 결혼에 골인하기까지의 과정은 마냥 순탄하지 않았어요. 만일 엘가와 앨리스가 헤어졌다면 우리는 아마 엘가의 명곡을 접하지 못했을 수도 있습니다. 이 둘의 사랑 뒤에는 어떤 사연이 숨어 있었을까요?

운명의 짝꿍에게 전하는
사랑의 인사

엘가는 아버지의 뜻에 따라 법률가가 되려고 했으나, 뒤늦게 음악을 시작했습니다. 그는 거의 모든 음악을 독학으로 공부하면서, 동네 피아니스트, 오르가니스트, 바이올리니스트, 선생님 그리고 오케스트라 지휘까지 도맡아 성실히 일합니다. 그러다 점차 작곡에 몰두하게 된 것이죠. 그는 늦게 음악을 시작했고, 제대로 된 학위도 없었으며, 무명 작곡가라는 꼬리표에 위축된 상태였습니다.

하지만 앨리스는 유복한 명문가 집안에서 엘리트 교육을 받으며 엘가와는 상반되는 삶을 살아왔습니다. 그렇기에 둘이 결혼하겠다는 소식에 앨리스의 가족들은 극도로 분노했어요. 무명 작곡가인 엘가의 배경이 마음에 들지 않았던 것이죠. 만약 앨리스가 엘가와 결혼하면 재산 상속을 하지 않겠다는 엄포까지 놓았습니다.

그러나 앨리스는 가족들의 반대에도 불구하고 결혼을 강행합니다. 엘가는 이러한 앨리스에게 엄청난 사랑과 고마움을 느꼈죠. 1888년, 둘만의 약혼식을 올리기 전 앨리스는 그녀가 직접 쓴 시 〈사랑의 은총〉을 엘가에게 전합니다. 그녀의 시에 감동한 엘가는 이 시에 곡을 붙여 선물하기로 결심합니다. 그렇게 약혼식 때 앨리스에게 선물한 곡이 바로 현재까지도 널리 연주되는 엘가의 〈사랑의 인사〉입니다.

곡에는 '카리스에게'라는 부제를 붙여 헌정했는데, 카리스는 앨리스의 본래 이름 '카롤라인 앨리스'를 줄여 만든 이름이었습니다. 둘은 다음 해에 정식으로 결혼했고, 2년 뒤에 둘 사이에서 딸이 태어났

엘가와 아내 앨리스

는데, 딸의 이름을 '카리스'라고 지었답니다.

〈사랑의 인사〉에는 둘의 결혼까지의 여정이 그대로 드러납니다. 달콤한 사랑을 노래하다 갑작스레 위기가 찾아오고, 이를 함께 이겨내며 더욱 단단한 사랑을 약속하는 과정을 모두 담았죠. 특히 높고 낮은 음역을 오가며 풍부한 음색을 표현하는 바이올린은 사랑이라는 단어에 내재된 수많은 감정을 노래합니다.

〈사랑의 인사〉를 주고받으며 결혼에 성공한 엘가는 앨리스로부터 엄청난 정신적 지지를 받습니다. 앨리스는 엘가의 잠재된 역량에 대해 확신이 있었죠. 이후 엘가는 다시 태어났다 해도 과언이 아닐 정도로 작곡가로서 성공적인 삶을 살게 됩니다.

음악 속에 숨겨놓은
수수께끼

평화롭던 어느 날, 엘가는 머릿속에 즉흥적으로 떠오르는 선율을 피아노로 뚱땅뚱땅 쳐보고 있었습니다. 그러던 중 부인 앨리스가 다가와 방금 친 선율이 마음에 쏙 든다고 말합니다. 엘가는 부인의 반응에 기뻐하며 방금 친 멜로디를 활용해 다양한 변주곡을 작곡하기로 결심합니다. '변주곡'이란 하나의 선율이나 주제를 바탕으로 음색, 빠르기, 화성을 변형하여 여러 버전을 만들어 모은 곡을 말합니다.

그렇게 엘가는 앨리스가 좋아했던 선율을 바탕으로 총 14개의 변주를 모은 〈수수께끼 변주곡〉을 완성하게 됩니다.

그런데 왜 이름이 〈수수께끼 변주곡〉일까요? 그 이유는 바로 엘가가 14개의 변주마다 재미난 수수께끼를 숨겨놓았기 때문입니다. 쉽게 말해, 각각의 변주마다 초성 퀴즈를 낸 셈이죠. 예를 들어, 엘가는 첫 번째 변주 옆에 'C. A. E'라는 사람 이름의 초성을 적어놓았습니다. 청중들은 음악을 들을 때 이니셜의 주인공이 누구인지 짐작해봅니다. 'C. A. E'의 주인공은 엘가의 인생에 가장 큰 영향을 준 '카롤라인 앨리스 엘가', 바로 엘가의 부인 이름 초성이었습니다.

퀴즈에 나온 인물이 어떤 인물인지 아는 청중들, 특히 엘가의 측근들은 인물과 음악을 대조하며 감상할 수 있기에 더욱 재미있게 음악을 들을 수 있었죠. 물론 지금은 정답이 모두 알려졌지만, 음악을 처음 듣던 당시에는 초성의 주인공이 누구인지 맞혀보는 재미도 있었을 것입니다.

이 곡에서 가장 아름답다고 알려졌으면서 개인적으로도 가장 사랑하는 변주는, 아홉 번째 변주인 〈님로드〉입니다. 〈님로드〉는 구약성서에 나오는 용맹한 사냥꾼입니다. 그러나 엘가는 사냥꾼을 표현하고자 이 곡을 쓴 것이 아닙니다. 엘가의 친구인 아우구스트 '제거(Jeager)'가 독일어로 '사냥꾼'이라는 뜻을 가지고 있는데, 이를 한 번 더 꼬아 재치 있는 수수께끼로 낸 것이죠.

제거 또한 엘가의 곁에서 작곡에 대해 조언해주고, 음악을 포기하고 싶은 순간마다 힘을 실어준 진정한 친구였습니다. 그래서 〈님로드〉는 늘 힘이 되어준 우정에 대한 헌사라고 볼 수도 있죠. 이 선물 같은 곡은 4분이라는 짧은 시간에 포근함과 뭉클함을 강렬하게 전달합니다. 저 또한 수수께끼의 의미를 알고 나니 곡이 더욱 감동적으로 다가오는 듯했답니다.

영국을 대표하는
음악가가 되다

〈수수께끼 변주곡〉 이후 엘가는 작곡가로서 승승장구했습니다. 그러던 중 1914년, 제1차 세계대전이 발발했고, 수많은 생명이 한순간에 사라져가는 모습을 지켜볼 수밖에 없었습니다. 당시 엘가는 영국의 정치 상황과 관련된 곡을 자주 요청받았습니다. 그래서 〈사랑의 인사〉나 〈수수께끼 변주곡〉같이 밝고 희망찬 곡 이외에 어둠과 쓸쓸함이 드러나는 곡도 많이 작곡했죠. 설상가상으로 1918년에는 앨리스의 건강이 악화됐고, 엘가도 편도 수술을 받게 됩니다.

이 시기에 작곡한 그의 〈첼로 협주곡〉은 시대 상황과 개인적 어려움을 반영한 듯 무겁고 어두운 분위기를 띱니다. 그래서인지 1919년 초연 당시에는 관객들에게 큰 호응을 받지 못했습니다. 그로부터 1년 뒤 앨리스가 세상을 떠났고, 엘가는 작곡 활동을 중단했습니다. 〈첼

1931년의 엘가

로 협주곡〉이 그의 마지막 곡인 셈이었죠.

그렇게 묻히는 듯했던 〈첼로 협주곡〉을 세상에 널리 알리는데 기여한 첼리스트가 있습니다. 바로 영국 출신 첼리스트 '자클린 뒤 프레'입니다. 이전까지 별로 연주되지 않던 이 곡을 그녀가 세계적인 무대에서 완벽하게 선보임으로써 다시 세상에 알리게 되었답니다. 이후 첼로 연주자들에게 엘가의 〈첼로 협주곡〉은 필수 연습곡이 되었죠.

엘가가 등장하기 전에 영국은 크게 내놓을 만한 작곡가가 없었습니다. 옛날 옛적 바로크 시대에 오페라 작곡가로 알려진 작곡가 헨리 퍼셀이나, 독일인이었지만 영국에 귀화한 헨델이 전부였죠. 그러던 중 1800년대 후반, 엘가가 세기의 명곡을 작곡하고 나서야 비로소 영국을 대표하는 음악가가 등장하게 되었습니다. 그리고 그가 엘리스의 곁에서 작곡한 여러 곡은 오늘날까지도 인기가 많은데, 엘가의 음악에 녹아든 순수한 사랑, 우정과 같은 감정들이 사람들의 마음을 움직인 덕분이 아닌가 생각하게 됩니다.

Classic Playlist

·· 〈현을 위한 세레나데 Op.20〉 2악장 세레나데란 밤에 연인의 창가에서 부르는 사랑의 노래라는 의미입니다. 그 이름에 걸맞게 아름다운 현악기의 음색에서 짙은 사랑의 향기가 느껴지는 곡입니다.

·· 〈아침의 노래〉 여유로운 주말 아침, 창문을 활짝 열고 이 곡을 들어보세요. 〈사랑의 인사〉처럼 피아노와 바이올린을 위한 짧고 가벼운 곡이라서 함께 아침을 시작하기에 제격이랍니다.

클래식계의 락스타, 음악에 이름을 붙이다

안토니오 비발디
1678~1741년

국적 이탈리아
사조 바로크 음악
대표곡 〈사계〉, 〈리코더 협주곡 RV.443〉 1악장, 오페라 〈그리셀라〉 아리아 '두 줄기의 바람이 휘몰아치고'

+ 비발디는 이탈리아의 베네치아에서 태어난 바로크 시대 대표적인 작곡가로, 30년 넘게 고아원이자 음악학교였던 피에타 고아원의 바이올린 교사이기도 했습니다.

+ 그가 작곡한 협주곡 중 가장 널리 알려진 곡은 단연 〈사계〉입니다. 바이올린 독주를 위해 만들어진 곡으로, 다채로운 사계절이 저절로 상상되는 명곡입니다. 특히 〈사계 '여름'〉 3악장은 그에게 '클래식계 락스타'라는 별명을 안겨주었죠.

+ 독주 악기와 관현악 반주로 편성되는 '협주곡' 형식을 정립한 장본인으로, 무려 약 450개의 협주곡을 작곡했다고 알려져 있습니다.

여러분들은 사계절 중 어떤 계절을 가장 좋아하나요? 전 겨울을 특히나 좋아합니다. 바깥은 춥지만, 크리스마스와 새해의 포근하고 따뜻한 분위기가 항상 기다려지기 때문이죠. 눈 오는 날, 따뜻한 이불을 덮고 귤을 까먹으며 비발디의 〈사계 '겨울'〉 2악장을 듣고 있노라면, 온 세상의 따뜻함을 제가 다 차지한 느낌이 듭니다.

우리는 비발디가 작곡한 세기의 명곡 〈사계〉를 알게 모르게 자주 접해왔습니다. 지하철, 광고, 드라마 심지어 화장실에서까지 전 세계적으로 많이 활용되는 곡 중 하나로, 듣다 보면 머릿속에 저절로 봄, 여름, 가을, 겨울의 풍경이 펼쳐집니다. 어쩌면 사계절이라는, 우리의 특수한 환경과도 밀접하기에 더 많이 들었을지도 모릅니다.

〈사계〉를 작곡한 안토니오 비발디는 바로크 시대의 음악가입니다. 1678년, 이탈리아의 물의 도시 베네치아에서 나고 자랐죠. 바이올리니스트인 아버지로부터 자연스럽게 악기를 접하며 탁월한 바이올리니스트이자 작곡가가 됐답니다.

비발디는 바흐보다 7년 일찍 태어나, 바흐에 앞서 바로크 시대의 기악 음악을 정립한 인물 중 한 명입니다. 특히 독주 악기와 관현악 반주로 편성돼 연주하는 '협주곡'의 발전에 크게 기여했죠. 이 당시 비발디는 협주곡을 세 개의 악장으로 나누어, 1악장은 빠르게, 2악장은 느리게, 3악장은 다시 빠르게 구성했고, 이러한 음악 형식은 고전주의 시대까지 이어집니다.

그는 오페라나 칸타타도 많이 작곡했지만, 특히나 협주곡에 애정이 있었어요. 무려 450여 개의 협주곡을 작곡했고, 바이올린뿐만 아니라 첼로, 리코더, 오보에, 호른 등 다양한 독주 악기를 위한 여러 협주곡도 작곡했죠. 그중 우리에게 많이 알려진 곡이 바로 바이올린 협주곡 형식을 지닌 〈사계〉인 것입니다. 그럼 비발디의 〈사계〉와 더불어, 다양한 악기의 음색을 다채롭게 활용한 이색적인 곡들을 만나볼까요?

'계절'이라는 음악을
만들기까지

비발디는 '클래식계의 락스타'라는 별명을 가지고 있습니다. 그의 음악이 락 음악처럼 강렬하고 파워풀하기 때문인데, 〈사계 '여름'〉 3악장을 감상해보면 바로 그 이유를 알게 될 것입니다.

비발디의 〈사계〉처럼 특정 주제나 제목이 있는 음악을 '표제 음악'이라고 부릅니다. 드뷔시의 〈달빛〉이나 카미유 생상스의 〈동물의 사육제〉처럼 말이죠. 그런데 비발디가 활동했던 바로크 시대의 음악은 일반적으로 특정 사물이나 장면을 표현하기보다 음악의 형식적인 아름다움을 전달하는 데에 중점을 두었습니다. 다시 말해, 드뷔시의 〈달빛〉처럼 '달'이라는 주제에 어울리는 음악이 아닌, 특정 주제 없이 음악 자체의 아름다운 소리에 의미를 둔 것이죠. 그래서 대부분의 곡을 제목 대신 번호나 숫자로 구분했습니다. 그런 의미에서 〈사계〉는 당시 비발디만의 파격적인 시도였을 것입니다. 사계절이라는 주제를 두고 어울리는 음악을 작곡했으니 말이죠.

〈사계〉는 '봄', '여름', '가을', '겨울' 총 4개의 곡으로 이루어져 있습니다. 그리고 각 악곡은 모두 세 개의 악장으로, 총 12개의 악장으로 이루어진 셈이죠. 그리고 앞서 언급한 바와 같이 첫 악장은 빠르게, 두 번째 악장은 느리게, 세 번째 악장은 다시 빠른 템포로 일관되게 작곡했습니다.

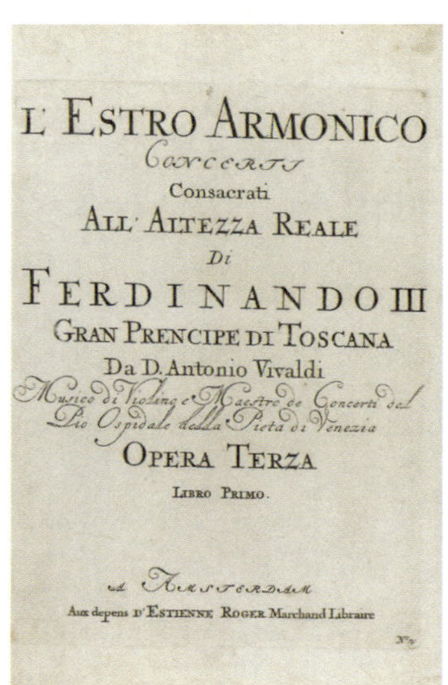

비발디 악보 〈사계〉 초판 표지

이 곡의 가장 인상적인 점은 각 계절에 발견할 수 있는 자연물을 소리로 표현했다는 점입니다. 샘물이 흐르는 소리, 새의 노랫소리, 천둥 번개가 치는 소리, 나뭇잎이 바람에 날아가는 소리 등을 바이올린, 비올라, 첼로 현악기와 하프시코드만으로 표현했습니다.

이를 위해 비발디는 직접 악보에 표현하고자 하는 장면이나 모습을 시로 표현했습니다. 이 내용은 연주자뿐만 아니라 감상하는 사람에게도 음악을 이해하는 데 도움을 줍니다. 음악을 통해 계절에 관한 자기만의 경험을 떠올릴 수 있기 때문이죠.

아래 비발디가 직접 악보에 적어두었던 시 중 제가 좋아하는 계절인 '겨울'의 번역문을 옮겨보았습니다. 시를 먼저 읽은 후 감상할 때 어떤 장면을 표현했는지, 언제 장면이 바뀌는지 등을 짐작하면 음악을 더 깊이 즐길 수 있습니다. 실제 바로크 악기로 연주된 〈사계〉를 비발디의 시와 나만의 경험을 함께 떠올리며 감상하길 권합니다.

1악장: 차가운 눈 속에서 얼어붙어 떨고, 극히 부는 매서운 바람에 쉴 틈 없이 발을 구르며 달린다. 극심한 추위에 이가 덜덜 떨린다.

2악장: 불 곁에서 평화롭고 만족스러운 나날을 보내는 동안 밖에서는 비가 만물을 적신다.

3악장: 얼음 위를 걷는다. 넘어지는 것이 두려워 느린 걸음으로 조심조심 발을 딛는다. 난폭하게 걷다가 미끄러져 아래로

쓰러진다. 다시 얼음 위를 걸어, 격렬하게 달린다. 이것이
겨울이다. 그러나 이렇게 해서 겨울은 기쁨을 가져다주는
것이다.

짧지만 아름다웠던
리코더 황금기

초등학교에서 리코더를 연주한 경험이 있지 않나요? 저렴하게 구매
할 수 있고, 소리를 내는 것도 어렵지 않기에 학교에서 많이 사용되
는 악기죠. 그런데 리코더가 서양 음악에서 매우 중요한 역할을 지닌
오래된 악기라는 것을 알고 있나요? 특히 르네상스와 바로크 시대에
무척 인기 있는 악기였답니다. 그래서 비발디의 곡 중에도 리코더를
활용한 악곡이 많습니다.

저는 학생들에게 리코더를 본격적으로 가르치기 전에 비발디의
〈리코더 협주곡 RV.443〉 1악장을 들려주곤 하는데요. 리코더의 꾀
꼬리같이 맑은 음색과 휘황찬란한 기교를 들은 아이들은 '평소 내가
알던 리코더가 맞나?' 하는 반응을 보이곤 합니다.

우리가 흔히 아는 리코더는 사실 '소프라노 리코더'입니다. 실제
로 리코더는 음역대별로 나뉘어, 그 종류가 10개 정도 됩니다. 르네
상스 시대의 콘트라베이스 리코더는 사람의 키보다도 컸다고 해요.

학자들은 고대에 그려진 벽화와 동굴에서 발견된 동물 뼈로 만든 피리 등을 바탕으로, 리코더가 약 4만 년 전에 만들어졌다고 보기도 합니다. 이후 나무 재질의 악기로 개발되면서 더욱 맑고 안정된 음색을 띨 수 있었으며, 넓은 음역대의 음을 내는 악기로 발전해왔죠. 바로크 시대 때 엄지손가락으로 리코더의 구멍을 반 정도 막아 옥타브 음역을 조절할 수 있게 되면서, 지금의 리코더와 유사해집니다.

비발디가 활동한 바로크 시대부터 본격적으로 리코더가 솔로 악기로 활용되기 시작합니다. 주법이 쉬울 뿐만 아니라 인쇄술의 발달로 리코더 악보가 출판되면서 많은 아마추어 음악가가 즐길 수 있는 악기가 되었죠. 비발디뿐 아니라 같은 시대의 음악가인 바흐와 헨델도 리코더를 활용한 음악을 많이 작곡했답니다. 그야말로 '리코더의 황금기'였어요.

하지만 이후 플루트, 오보에, 클라리넷, 바순과 같은 목관악기가 개량되면서 점차 그 수요가 줄어들었습니다. 낭만주의 시대에는 리코더 곡을 거의 찾아볼 수 없을 정도였는데, 20세기 현대에 들어서서 플라스틱으로 저렴하게 대량 생산이 가능해지면서 대중들에게 다시 알려지게 된 것이죠.

바로크 시기의 테너 리코더

기교의 끝을 보여주는
역사적 만남

비발디는 오페라, 칸타타, 오라토리오와 같은 성악곡도 많이 작곡했지만, 기악 음악으로 더욱 이름을 알렸습니다. 당시 그의 오페라도 꽤 인기를 끌었지만, 현대까지 대중에게 널리 기억된 아리아는 없었어요. 한 성악가의 공연 영상이 화제가 되기 전까지는 말이죠.

비발디의 성악곡을 재조명한 영상은 바로 체칠리아 바르톨리가 부른 오페라 〈그리셀라〉 중 아리아 '두 줄기의 바람이 휘몰아치고'입니다. 이 아리아는 등장인물 콘스탄자가 결혼을 약속한 연인 로베르토를 두고 왕과 결혼하라는 명령을 받아 곤경에 처했을 때 부른 노래입니다. 이 곡은 수많은 음표를 빠른 속도와 긴 호흡으로 노래해야 하기에 어렵기로 악명이 높은데, 메조소프라노인 바르톨리가 완벽하게 부릅니다.

바르톨리는 비발디와 같이 이탈리아에서 태어난 성악가입니다. 비발디뿐만 아니라 모차르트, 로시니와 같이 어려운 기교가 요구되는 아리아를 풍부한 감정으로 가뿐하게 부르기로 알려져 있죠. 심지어 '두 줄기의 바람이 휘몰아치고'에서는 무려 74개의 음을 약 10초 동안 한 호흡으로 노래합니다. 이 난곡을 완벽하게 부르기 위해 얼마나 많은 연습을 했을지 짐작도 되지 않습니다. 기교의 끝을 보여주는 비발디와 바르톨리의 역사적인 만남도 유튜브를 통해 감상해보면

러시아 황태자의 1782년 베네치아 방문 때 열린 고아원 오케스트라 연주회 그림.
비발디는 고아원에서 아이들에게 음악을 가르치며 명성을 높였다.

좋을 듯합니다.

기악 음악으로 세상 만물을 표현하고자 했던 비발디의 음악은 특히 아이들의 상상력을 키워주기에 좋습니다. 그래서인지 그는 고아원이자 음악학교였던 피에타 고아원에서 30년 넘게 바이올린 교사를 했다고 하죠. 아이가 있다면 함께 비발디의 곡을 감상하면서 재미난 장면을 떠올려도 좋을 듯합니다.

Classic Playlist

‥〈**바이올린 협주곡 RV.356**〉**1악장** 한때 서울의 지하철에서도 나왔던 곡으로, 바이올린을 배웠다면 꼭 연주하는 곡 중 하나입니다. 고풍스러운 바로크 음악을 오롯이 느낄 수 있는 명곡 중 하나죠.

‥〈**세상에 참 평화 없어라 RV.630**〉 진정한 평화는 예수 안에 있다는 의미를 전하는 종교적 색채가 강한 곡입니다. 시원한 현악기와 말끔한 소프라노의 음색은 평화롭고 싱그러운 아침을 연상시킨답니다.

‥〈**만돌린 협주곡 RV.425**〉 만돌린은 이탈리아에서 만들어져 바로크 시대에 유행한 악기로, 우쿨렐레나 기타처럼 현을 튕겨 연주하는 악기입니다. 흥미롭게도 오케스트라 또한 한 명의 첼로 빼고는 모두 손가락으로 현을 튕겨 연주하는 '피치카토' 기법으로 연주합니다. 그래서인지 통통 튀는 매력이 돋보이는 곡이죠.

고유의 민속성을
음악에 녹여내다

장 시벨리우스
1865~1957년

국적 핀란드
사조 민족주의(국민악파)
대표곡 〈핀란디아〉

+ 시벨리우스는 핀란드의 자연과 민속적 특성을 음악으로 표현한 민족주의 음악가입니다. 여러 나라의 지배를 받아 혼란스러운 핀란드 사회 속에서 그는 〈핀란디아〉와 같은 음악을 통해 민족의 절개와 애국심을 표현하고자 했죠.

+ 시벨리우스는 어린 시절 바이올리니스트를 꿈꿨지만, 무대 공포증으로 인해 연주자의 길을 포기하고 작곡에 매진했습니다. 그의 유일한 〈바이올린 협주곡〉을 보면 그가 얼마나 바이올린을 잘 켰는지 알 수 있을 정도죠.

+ 그가 작곡한 여러 교향곡은 북유럽 자연의 숭고함이 느껴질 뿐만 아니라 음악적으로도 완벽한 구조를 자랑합니다.

잠시 서양의 클래식 음악에서 벗어나, 우리나라의 전통 음악인 국악을 떠올려봅시다. '국악'이라는 단어를 떠올릴 때 연상되는 악기, 장면 또는 소리가 있으신가요? 국악의 전통적 음색과 가락에서는 한국인들만이 공유하는 특유의 한(恨)이나 흥(興)의 정서가 묻어나옵니다.

그럼 이웃 나라인 중국이나 일본의 전통 음악은 어떨까요? 국악과 비슷한 음계와 분위기를 풍기는 듯하지만 무엇인가 다른 느낌이 들 것입니다. 동아시아 내에서 서로 영향을 주고받았어도 각 민족적 특색이 음악에 담겨 있기 때문입니다.

서양 클래식 음악도 마찬가지입니다. 같은 유럽에서 발전됐어도 특정 국가의 짙은 민족성이 드러나는 음악이 있죠. 그렇게 고유의 민족적 색채가 드러난 리듬이나 가락을 활용해 만든 음악을 민족주의 음악이라고 부릅니다.

민족주의 음악이란, 낭만주의 시대 때 프랑스를 중심으로 유럽 내 국가들에서 독립을 향한 혁명적 운동이 만연해지면서 형성된 사조입니다. 클래식 음악을 주도하던 독일 클래식의 전통성을 따르기보다 자신이 속한 국가의 민족 특색을 살리는 것에 초점을 둔 음악이 탄생한 것이죠.

그중 북유럽에 위치한 핀란드 출신의 작곡가 장 시벨리우스는 대표적인 민족 음악가 중 한 명으로 알려졌습니다. 여기서는 시벨리우스와 같은 민족 음악 작곡가들의 음악을 소개하고자 합니다. 그럼 특유의 민족성을 녹여낸 음악들을 만나러 떠나봅시다.

핀란드 민중의 절개를 보여준 시벨리우스

'핀란드' 하면 어떤 장면이 떠오르나요? 입안을 상큼하게 해주는 자일리톨? 드넓게 펼쳐진 눈 덮인 숲과 호수? 광활하게 빛나는 오로라? 참으로 아름다운 자연경관을 품은 나라임은 분명한 것 같습니다.

전 장 시벨리우스의 음악을 듣노라면, 서늘한 날씨와 드넓게 펼쳐진 대자연이 떠오릅니다. 아마도 그가 핀란드의 특성이 고스란히 담긴 곡을 만들었기 때문이겠지요.

시벨리우스가 태어난 1865년의 핀란드는 러시아와 스웨덴의 지배로부터 독립하기 위한 운동이 활발했던 시기였습니다. 독립을 갈망하던 환경에서 자란 시벨리우스는 자연스레 그 영향을 받으며 성장했죠. 청소년 시절, 시벨리우스는 어릴 적부터 피아노, 바이올린,

작곡법 등을 배우며 바이올리니스트의 꿈을 키워나갔습니다. 부모님의 권유로 대학에서 법학과에 진학했으나, 음악가로서의 꿈을 펼치기 위해 법학을 그만두고 음악 전공의 길을 택했어요. 결국 그는 음악적 재능을 인정받으며, 27세의 나이에 헬싱키 음악원의 교수가 되었답니다.

시벨리우스는 특히 바이올린에 애정을 보였습니다. 하지만 바이올리니스트로서 치명적인 걸림돌이 하나 있었는데 바로 '무대 공포증'이었습니다. 시벨리우스는 곧잘 연습하다가도 무대에만 올라가면 심장이 빨리 뛰고, 온몸이 굳으며, 손이 바들바들 떨렸습니다. 그 때문에 연주보다 자연스레 작곡을 중심으로 활동하게 되었습니다. 아이러니하게도 그가 애증의 바이올린을 위해 작곡한 유일한 협주곡은 극악무도한 난이도로 인해 수많은 바이올리니스트에게 무대 공포증을 안겨주고 있답니다.

그럼 시벨리우스가 작곡한 곡 중 핀란드의 민족성을 보여주는 대표적인 곡은 무엇일까요? 시벨리우스의 강한 애국심, 게르만 민족의 절개 그리고 섬세한 감정을 담은 바로 〈핀란디아〉입니다. 이름에도 핀란드라는 국가가 쓰여 있을 정도로 민족주의적인 악곡이죠.

시벨리우스가 이 곡을 작곡한 시기(1899년)에 핀란드는 스웨덴의 지배에 이어 러시아의 지배 아래 있던 시기입니다. 러시아의 정치적 간섭에 대해 음악으로 항의하고자 했던 시벨리우스는 핀란드의 역사를 다룬 역사극 공연의 음악을 작곡했습니다. 그중 마지막 곡인

〈핀란드여 일어나라〉가 〈핀란디아〉의 기반이 된 곡입니다. 1900년, 시벨리우스가 이 곡을 오케스트라를 위한 교향시로 편곡하면서 〈핀란디아〉라는 이름을 붙였죠. 당연히 러시아에서는 이를 가만두지 않았습니다. 그럼에도 그는 러시아의 검열이 있을 때만 이름만 살짝 바꾸어 공연을 이어나갔어요.

〈핀란디아〉에는 다채로운 매력이 있습니다. 곡의 첫 부분은 금관악기의 낮고 어두운 웅장함으로 시작됩니다. 불안 가운데 템포가 빨라지다가 점차 환희의 소리가 은은히 들려오기 시작합니다. 금관악기가 거세게 몰아치다 잠잠해지면 이어서 목관악기의 신비로운 노래가 들려옵니다. 이후 바이올린이 멜로디를 받아서 애절하게 연주합니다. 음악은 뭉클한 감정선을 따라 고조되다가 힘찬 에너지를 뿜내며 마무리됩니다.

이 노래는 〈핀란디아 찬가〉로 편곡되기도 했습니다. 핀란드의 애국가로 여겨질 만큼 민중을 움직인 음악이죠. 핀란드의 풍경과 당시 사회문화적 배경을 떠올리며 감상하다 보면 〈핀란디아〉에 녹아 있는 민중의 민족성과 절개가 느껴질 것입니다.

스페인의 강렬하고 열정적인 색채를 담은 사라사테

영화나 드라마에서 좌절의 순간마다 흘러나오는 바로 그 곡, 스페인 출신의 파블로 데 사라사테가 작곡한 〈치고이너바이젠〉입니다. 독주 바이올린과 오케스트라를 위해 만들어진 곡이죠. 〈치고이너바이젠〉은 '집시의 노래'라는 뜻으로, 유랑민족 집시 중에서도 특히 스페인 집시들의 영향을 받은 곡입니다.

　도입부에서 바이올린이 홀로 낮은 음역부터 높은 음역으로 속주하는 연주는 강렬한 인상을 줍니다. 침울한 분위기 이후에 펼쳐지는 집시 특유의 애절함과 비통함에 이어 후반부부터 갑자기 빨라지는 템포와 엄청난 바이올린의 기교는 입이 떡 벌어지게 만듭니다. 높은 음역대를 빠르게 넘나들며 활을 튕기는가 하면, 두 개의 음을 동시

1905년 사라사테의 모습

에 빠르게 연주하기도 하고, 오른손이 아닌 왼손으로도 줄을 뜯으며 연주하는 등 바이올리니스트 사라사테의 면모가 드러나는 대표적인 곡이라고 할 수 있죠.

1844년, 스페인에서 나고 자란 사라사테의 작품 속에는 수많은 스페인 민속 요소가 담겨 있습니다. 그가 작곡한 54개의 곡 중 절반 이상이 스페인 민족성을 기반으로 만들어졌을 정도죠.

사라사테는 스페인의 북부 지방에서 태어나 어렸을 적부터 바이올린을 배웠고, 8세에 이미 완성형일 정도로 연주를 잘하는 신동이었습니다. 스페인 마드리드 음악원에서 장학금을 받으며 실력을 다진 그는 당시 이사벨라 여왕의 마음까지 사로잡았죠. 여왕은 사라사테에게 고가의 '스트라디바리우스' 바이올린을 하사하기도 했어요. 훌륭한 악기와 기량 덕분일까요. 향후 수많은 작곡가가 자신의 바이올린 곡을 사라사테에게 헌정하며 초연을 부탁하기도 했죠.

전 세계로 연주를 다녔던 그는 쉴 때면 언제나 스페인을 방문했습니다. 스페인의 축제에 참여하거나 고향 마을에 자주 드나든 것은 사라사테가 스페인의 민족성을 음악에 반영하기에 충분한 조건이었죠. 독일 중심의 전통 클래식 음악을 추구한 사람들에게는 비판의 대상이 되기도 했지만, 오늘날 사라사테의 곡은 바이올린의 기량과 특성을 완전히 반영하면서도 스페인 음악의 매력을 함께 느낄 수 있는 작품으로 평가되고 있답니다.

아리랑을 변주한 북한의
신동 바이올리니스트

"아리랑, 아리랑, 아라리요. 아리랑 고개로 넘어간다."

〈경기 아리랑〉은 한국의 피겨스케이트 선수 김연아가 세계선수권대회에서 이 곡을 통해 멋진 무대를 선사하면서 세계에 알려졌습니다. 저 또한 이 곡을 감상하다 보면 뭉클하고도 벅차오르는 감정을 느끼곤 하는데요. 그러던 중 우연히 저명한 바이올리니스트 양인모가 연주하는 백고산의 〈아리랑 변주곡〉을 접하게 되었습니다. '아리랑을 바이올린 솔로 버전으로 편곡하다니!' 놀라움을 금치 못한 동시에 백고산이라는 북한 출신 음악가에 대한 궁금증이 절로 피어올랐습니다.

백고산은 1930년에 평양에서 태어난 바이올린 신동이었습니다. 바이올린 제작자이자 연주자인 아버지로부터 세 살 때부터 바이올린을 배우기 시작했죠. 그리고 무려 여섯 살에 첫 바이올린 독주회를 열었습니다.

1951년, 한국전쟁이 진행 중인 당시에도 그는 독일 베를린 출국을 허가받아 사회주의권 문화올림픽인 '세계청년학생축전'에 참가해 바이올린 독주 부문에서 3등을 했습니다. 유럽에도 이름을 알린 명성 덕에 그는 명문 차이콥스키 음악대학의 특별연구생으로 입학합니다.

그때 세기의 만남이 이루어집니다. 전설적인 바이올리니스트이 자 교수 다비드 오이스트라흐를 만난 것입니다. 백고산의 연주 기량 을 평가하기 위해 모인 소련 대표 음악가 사이에 그가 있던 것이죠. 그 순간 백고산은 흔히 알려진 클래식 곡이 아닌, 직접 창작한 무반 주 〈아리랑 변주곡〉을 연주합니다.

그의 〈아리랑 변주곡〉은 음을 떨어 연주하는 기법인 비브라토를 국악의 장식음을 연주하는 기법과 유사하게 연주했기에, 국악기 특 유의 음색이 들리는 듯한 착각이 듭니다. 서양 악기와 한국 전통 음 악의 신선한 조합이 느껴지죠.

엄청난 테크닉을 요구하면서도, 민요 특유의 가락과 멋들어진 시 김새가 묻어나는 〈아리랑 변주곡〉을 처음 접한 오이스트라흐는 그 의 연주를 격찬했고, 심지어 자신이 직접 가르치겠다고 선언합니다. 그렇게 백고산은 오이스트라흐의 제자가 되어 바이올리니스트로서 활발한 활동을 이어나갑니다.

백고산의 〈아리랑〉 자필 악보

같은 유럽에서 발전한 클래식 음악일지라도, 어떤 국가의 민족성을 담았느냐에 따라 각기 다른 감정과 느낌을 자아냅니다. 각 음악 속 민족성을 찾다 보면 개인적 취향이 새롭게 생길 수도 있고요.

다양한 국가에서 발전한 클래식 음악을 감상하며 방구석 세계여행을 떠나보기 바랍니다.

Classic Playlist

·· **〈바이올린 협주곡〉 1악장** 고요히 불어오는 바람 같은 현악기의 반주 위에 바이올린 독주가 차갑게 들려옵니다. 격정적으로 몰아치다가도 서늘히 사그라지는 북유럽의 신비로운 기운을 절묘하게 표현한 곡이죠.

·· **〈교향곡 2번〉 4악장** 시원하고 광활한 느낌을 온몸으로 느낄 수 있는 곡입니다. 이 곡을 들을 때는 북유럽 설산을 등반하다가 정상에서 우연히 장관을 발견한 영화 속 주인공에 빙의하고는 한답니다.

·· **〈안단테 페스티보〉** 여러분은 연말을 마무리할 때 어떤 음악을 들으시나요? 저는 서정적이고도 애틋한 현악 앙상블의 소리가 매력적인 이 곡을 듣습니다. 한 해를 정리하며 감상하기에 제격인 곡이랍니다.

파격의 오페라 뒤에
숨은 비밀

조르주 비제
1838~1875년

국적　프랑스
사조　후기 낭만주의
대표곡　오페라 〈카르멘〉 중 '하바네라',
　　　'투우사의 노래', '내 어머니에
　　　대해 이야기해 줘!'

+ 프랑스에서 오페라에 대한 관심이 폭발했던 시절, 비제는 기존 오페라의 전통을 탈피하고 독창적이면서 이국적인 요소를 담은 오페라를 작곡했어요. 그중 세계적으로 유명한 오페라가 바로 스페인 집시풍의 〈카르멘〉입니다.

+ 하지만 〈카르멘〉은 그 파격적이고 자극적인 내용으로 인해 당시 좋은 반응을 얻진 못했습니다. 그리고 비운의 천재 비제는 〈카르멘〉 초연 이후 3개월 만에 37세의 나이로 세상을 떠났답니다.

+ 〈카르멘〉은 매혹적인 집시 여인 카르멘과 그녀에게 매혹된 군인 돈 호세의 사랑 이야기입니다. 지나치게 자유로운 영혼이었던 카르멘과 돈 호세의 과도한 집착이 결국 둘의 사랑을 파멸에 이르게 했죠.

여러분은 첫눈에 사랑에 빠진 경험이 있나요? 깊은 사랑에 빠지면 평범한 일상에 집중하기 어려울 정도로 강렬한 감정을 느끼게 되죠. 하지만 사랑을 그릇된 방식으로 표현하면 오히려 관계를 망칠 뿐 아니라 비극적인 결말을 맞기도 합니다.

잘못된 사랑으로 인해 모든 걸 망쳐버린 인간의 모습을 적나라하게 표현한 오페라를 소개하고자 합니다. 바로 1875년에 초연된 조르주 비제의 〈카르멘〉입니다.

〈카르멘〉은 현재까지도 전 세계적으로 흥행하고 있는 작품입니다. 한국에서도 〈카르멘〉의 음악이 광고 음악으로 사용되는 경우도 빈번하죠. 아마 〈카르멘〉의 서곡을 감상하면 한 번쯤 들은 기억이 날 겁니다. 많은 사람에게 알려진 〈카르멘〉은 사실 자극적인 사랑 이야기를 담고 있습니다. 이 파격적인 작품 뒤에는 어떤 이야기가 숨겨져 있을까요?

시대를 앞서간
천재

프랑스 작곡가 조르주 비제의 오페라 〈카르멘〉은 1845년 프로스페르 메리메의 원작 소설 《카르멘》을 바탕으로 작곡되었습니다. 19세기 프랑스에서는 교통, 통신이 발달하면서 낯선 장소에 대한 호기심과 열망으로 인해 문화 간 교류가 활발히 일어났죠. 특히 스페인은 프랑스 사람들에게 아주 인기 있는 여행지였다고 합니다. 그 영향으로 스페인의 문화나 공간이 다양한 프랑스 예술 작품의 배경으로 등장했어요.

메리메는 철도도 없던 시절에 산맥을 넘어 스페인으로 가 오랜 시간을 보냈답니다. 고고학자이기도 했던 그는 고고학 연구를 했을 뿐만 아니라 스페인의 이국적인 문화를 깊이 접하게 됐죠. 그 경험은 상상력의 원천이 되어 메리메의 작품 속에 녹아들었고, 그 결과 쓰인 소설이 바로 《카르멘》입니다.

이러한 이국적 문화는 음악 세계에도 영향을 미치게 되는데요. 기존의 형식을 탈피한 이국적인 오페라가 등장하기 시작합니다. 그 반열에서 비제 또한 여러 이국적인 오페라를 작곡했고, 그의 생애 마지막 걸작 오페라 〈카르멘〉까지 작곡하게 된 것이죠.

19세기 프랑스에서는 오페라에 대한 관심이 매우 높았습니다. 성악, 합창, 오케스트라, 무용이 결합된 종합 예술인 오페라는 연극처럼 스토리를 지니며, 노래를 통해 대사와 감정을 표현했죠. TV와 스마트폰이 없었던 19세기 유럽에서는 마치 지금의 영화처럼 여겨졌을 겁니다.

프랑스에서는 특히 독일의 낭만주의 작곡가 바그너의 영향을 받아 독일 양식의 오페라가 유행했습니다. 하지만 비제는 오페라의 기존 형식을 따르지 않고 자신만의 독창적이고 이국적인 양식을 고집했습니다. 특히 신화적 존재가 아닌 평범한 사람들을 중심으로, 다양한 지역의 민속적 요소들을 담아 작곡했죠.

하지만 기존의 양식에서 너무 벗어난 탓일까요. 비제의 오페라를 관람한 사람들의 반응은 좋지 않았습니다. 수록된 음악에는 긍정적인 반응을 보였지만, 지나치게 부도덕적인 인물 설정을 받아들이기 힘든 사회적 분위기로 인해 비평가들의 비난을 피할 수 없었어요. 안타깝게도 비제는 1875년, 오페라 〈카르멘〉의 초연 3개월 후 심근경색으로 인해 37세의 젊은 나이에 생을 마감합니다. 그리고 비제가 세상을 떠나고 나서야 〈카르멘〉은 세계적인 대성공을 이룹니다.

집시의 음악을
오페라에 담다

〈카르멘〉은 주인공인 집시 여인 '카르멘'과 군인 '돈 호세'의 파격적

오페라 〈카르멘〉 포스터(1939년)

인 사랑 이야기를 집시음악 특유의 선율과 함께 풀어나갑니다. 집시란, 인도 북서부부터 동유럽, 서유럽, 이베리아반도(포르투갈, 스페인) 그리고 러시아까지 전 세계를 떠돌아다니는 민족입니다.

집시에 대한 기록은 많이 남아 있지 않아, 그들의 유래에 관해서는 여러 가설만 존재합니다. 가장 유력한 가설은 인도의 최하층 신분인 수드라 계급 사람들이 억압적인 분위기를 견디지 못해 인도를 떠나면서 생긴 민족이라는 것입니다. 초기에 유럽에서는 이들이 순례자라 여겨져 인식이 좋았으나, 도둑질을 일삼거나 주술로 사람들을 현혹하는 등의 행동으로 인해 점차 부정적으로 여겨졌어요. 집시들은 결국 이후 노예 생활, 정부의 탄압, 마녀사냥, 인종 차별 정책 등 수많은 박해를 받으며 길고 긴 떠돌이 생활을 하게 됐죠.

그런 와중에도 집시들은 자기네 민족음악을 발전시켜 나갔습니다. 14~15세기에 유럽에 이주하면서 일반 사람들에게도 집시음악이 알려지기 시작했죠. 집시들은 전통 집시음악의 형태를 보존하면서도 정착한 지역의 민속음악을 포용하고자 했습니다. 그래서 집시음악은 정착한 지역의 전통음악과 자연스럽게 융화됐죠. 그 결과, 집시음악은 그들이 거주한 지역에 따라 음악적 특징도 달리 나타나게 돼요.

스페인의 대표적인 집시음악은 '플라멩코'입니다. 스페인 남부 안달루시아 지방에 거주한 집시 민족의 춤곡으로 주로 기타로 연주되며, 스페인 특유의 리듬과 음계가 가미되면서 발전했습니다. 이러한 음악적 특징이 바로 오페라 〈카르멘〉에 전반적으로 담겨 있습니다. 오페라의 주인공인 '카르멘'이 바로 스페인 세비야에 거주하는 집시 여인이기 때문이죠.

오페라를 보기 전에 줄거리를 예상하고 싶다면, 〈카르멘〉 모음곡을 먼저 듣는 것도 좋은 방법입니다. 모음곡이란, 말 그대로 2시간가량의 오페라의 곡들을 짧게 요약하여 모은 것입니다. 감상을 돕기 위해 아래 오페라 〈카르멘〉과 관련된 키워드를 정리해보았습니다. 모음곡을 감상하면서 어떤 대목에 어울리는 키워드인지 추측하며 줄거리에 대한 상상력을 마음껏 발휘해보세요.

키워드: 유혹, 사랑, 집착, 파멸, 광기, 승리, 투우

잘못된 사랑의 결말

카르멘은 담배 공장의 여공으로, 매우 자유분방한 집시 여인이었습니다. 한번 보면 모든 남자가 사랑에 빠져버린다는 전형적인 팜므파탈이었죠. 그러던 그녀는 우연히 경비이자 군인 돈 호세를 만나게 되었어요. 듬직한 돈 호세에게 관심이 생긴 걸까요? 카르멘은 '하바네라(사랑은 길들지 않은 새)'를 부르며 그를 유혹하죠. 그러곤 은근슬쩍

호감의 표시로 꽃을 건넵니다. 그러나 호세에게는 고향에 약혼한 여인 미카엘라가 있었어요. 아름다운 카르멘의 모습에 조금 혼란스러웠지만, 미카엘라가 있기에 그녀의 유혹을 뿌리칠 수밖에 없었죠. 그래도 미련이 조금 남았는지 카르멘이 건넨 꽃을 간직했답니다.

얼마 후 담배 공장에서 여공들 간의 싸움을 일으킨 카르멘이 군인들에 의해 체포되는 일이 벌어집니다. 체포된 와중에도 그녀는 뻔뻔했어요. 그런데 이때 호세가 그녀를 감시하는 임무를 맡습니다. 카르멘은 특유의 눈썰미로 호세가 아직 자신이 준 꽃을 간직하고 있음을 알고, 다시 호세를 유혹합니다. 결국 카르멘의 유혹에 넘어간 호세는 그녀를 풀어주고, 그 결과 호세가 그녀를 대신해 체포당합니다.

감옥에서 나온 호세는 술집에서 다시 카르멘을 만나게 됩니다. 그런데 하필 이때 카르멘을 마음에 두고 있던 상관이 나타나 호세와 충돌하고, 갈등이 격해지자 호세는 결국 군인을 그만두고 밀수꾼이 되어 카르멘과 함께 떠납니다.

약혼녀 미카엘라는 이 사실을 어떻게 받아들였을까요? 어찌어찌 상황을 알게 된 미카엘라는 밀수꾼들과 생활하던 호세를 찾아가, 고향에 계신 어머니가 위독하다는 사실을 전합니다. 집으로 돌아가자는 미카엘라의 설득에 마음이 흔들린 호세는 결국 잠시 고향으로 향했고, 자신을 두고 떠나버린 호세를 향한 카르멘의 마음은 촛불처럼 쉽게 꺼져버리고 말았습니다.

이후 바람둥이 카르멘은 돈과 명예를 갖춘 투우사 에스카미요를 만나 사랑에 빠집니다. 아무래도 자신과 같은 처지의 밀수꾼 호세보다는 깔끔하고, 부유하고, 화려한 투우사 에스카미요가 더욱 끌렸나 봅니다. 고향에서 이 소식을 들은 호세는 분노와 후회, 질투 등 복잡한 감정을 느꼈어요.

투우가 개최되던 날, 호세는 카르멘을 찾아와 다시 자기에게 돌아오라고 애원합니다. 하지만 이미 카르멘의 마음은 에스카미요를 향해 있었죠. 계속된 설득에도 카르멘은 되려 호세의 자존심을 건드리며 단호히 거절합니다. 호세는 차오르는 분노와 질투심에 눈이 멀어 언쟁 도중 카르멘을 칼로 찔러 죽이고 맙니다. 정신을 차리니 카르멘은 이미 세상을 떠난 뒤였죠. 그제야 호세는 죽은 카르멘을 끌어안고 절규하며, 자신의 죄를 자백하고는 오페라의 막이 내립니다.

시대를 앞서 탄생한 작품이 다시 세상에 알려지기까지

〈카르멘〉에서 잘 알려진 '하바네라', '집시의 노래' 등은 대부분 주인공 카르멘이 부른 노래입니다. 카르멘이 부른 노래에서는 매혹적이면서 정열적인 선율, 부점 리듬 등 집시음악 특유의 색채가 드러나죠. 그 예로, 카르멘의 대표적인 독창 아리아 '하바네라'를 살펴봅시다.

이 아리아는 카르멘이 처음 등장하여 부르는 노래로, 순수했던 청년 돈 호세를 유혹하는 노래이죠.

가사를 통해 카르멘은 사랑에 대한 관념을 대담하게 표현하면서 동시에 자신이 매혹적인 여자임을 뽐내고 있습니다. 가사와 어울리는 집시풍의 선율, 화성, 리듬은 카르멘의 성격을 더욱 효과적으로 표현하죠.

돈 호세의 약혼녀 미카엘라의 노래는 카르멘의 노래에 비해 상대적으로 알려지지 않았지만, 돈 호세를 향한 진정성이 묻어납니다. 미카엘라의 진심을 담백하고도 아름다운 선율로 전달할 수 있도록 아리아가 작곡됐죠. '하바네라' 직후에 나오는 미카엘라와 돈 호세의 이중창 아리아 '내 어머니에 대해 이야기해 줘!'의 가사는 그녀의 성격을 보여줍니다. 내용을 서정적으로 전달하기 위해 바이올린이 함께 연주되죠.

비제는 오페라에 등장하는 인물의 성격이나 심리, 전달하는 메시지와 어울리는 음악을 사용하여 이야기를 효과적으로 전개했습니다. 그러나 시대의 흐름을 잘못 탄 탓에, 중독성 있는 음악과 알찬 스토리 구성을 지닌 오페라였음에도 〈카르멘〉의 인기를 확인하지 못한 채 비제는 세상을 떠나버렸죠.

〈카르멘〉과 같이 강렬한 민속성과 인간 현실을 드러내는 오페라는 1900년대부터 슬슬 유행하기 시작합니다. 그와 동시에 비제가 작곡한 이색적인 오페라들도 다시 주목받게 되면서, 오늘날 우리에게까지 널리 알려지게 되었답니다.

· · **〈아를의 여인 제2모음곡〉 중 '미뉴에트'** 누구나 화장실에서 한번쯤 들어보았을 법한 곡입니다. 플루트의 평화로운 선율이 진행되다가 웅장하게 등장하는 오케스트라의 반주가 매력적인 곡입니다.

· · **사라사테 〈카르멘 환상곡 Op.25〉, 왁스만 〈카르멘 환상곡〉** 오페라 〈카르멘〉의 유명하고 강렬한 부분을 활용하여 바이올린을 위해 작곡된 모음곡입니다. 사라사테와 왁스만, 이 두 작곡가에 의해 작곡된 〈카르멘 환상곡〉이 전 세계적으로 많이 연주되곤 하죠. 같은 주제로 작곡했지만 서로 다른 매력을 지니고 있기에 두 버전을 비교하여 감상해보길 바랍니다.

파이어족 로시니의 유쾌한 인생

조아키노 로시니
1792~1868년

국적   이탈리아
사조   초기 낭만주의
대표곡 오페라 〈세비야의 이발사〉
          서곡, '만능 일꾼 나가신다,
          길을 비켜라', 오페라 〈윌리엄
          텔〉 서곡

+ 친숙한 소재로 코믹한 오페라를 다수 작곡한 로시니는 짧은 시간에 뚝딱 여러 음악과 오페라를 작곡할 만큼 뛰어난 재능을 가진 작곡가였습니다. 그의 코믹한 오페라들은 혼란스러운 유럽 사회 속에서 한숨 돌릴 수 있도록 한 작품들이었죠.

+ 그의 대표작 오페라 〈세비야의 이발사〉는 현대에도 자주 연주됩니다. 한 백작과 여인의 사랑을 이어주는 피가로, 이 둘의 사랑을 막는 후견인 간의 코믹한 대치가 작품의 묘미입니다.

+ 음악 못지않게, 어쩌면 음악보다 음식을 더 사랑한 로시니는 오페라 〈윌리엄 텔〉을 마지막으로 작곡 활동을 거의 중단하고, 미식가로서 삶을 즐겼답니다. 자신의 이름을 딴 요리가 있는가 하면, 직접 요리를 배워 요리책을 낼 정도로 열정을 보였죠.

$$\mathbf{9:}$$

인생을 '먹고 사랑하고, 노래하고 소화하는 것'에 비유한 조아키노 로시니. 오페라가 시작된 이탈리아에서 태어난 로시니는 뛰어난 음악적 재능으로 대중적이고 코믹한 오페라를 주로 작곡했습니다. 깊이 있고 진중한 음악보다는 가볍고 재미있는 소재로 유쾌함을 전달하는 것이 그의 음악적 특징이었습니다.

그가 활동했던 19세기 초는 프랑스대혁명 이후 국가들이 정치적 문제로 하나같이 머리 아픈 시기였는데요. 그의 음악은 이때 잠시라도 스트레스를 풀 수 있는 한 줄기의 빛과 같은 존재였죠.

로시니는 음악만큼 음식에 대한 열정도 대단했습니다. 그는 36년 동안 오페라로 높은 명성을 유지했음에도, 생의 나머지 39년은 더 이상 오페라를 쓰지 않고 오롯이 미식만을 즐기며 살았어요. 오죽하면 로시니의 입맛에서 유래되어 그의 이름을 딴 음식들이 있을 정도

로시니의 이름을 딴 스테이크 '트루네도 로시니'

입니다. 그중 하나가 바로 '트루네도 로시니'로, 로시니가 사랑한 재료인 트러플(송로버섯)이 얹어진 스테이크입니다.

특히 로시니가 얼마나 트러플을 사랑했는지 이와 관련된 일화가 있을 정도입니다. 로시니는 태어나서 세 번 울었는데, 첫 번째는 오페라 〈세비야의 이발사〉 초연이 난동으로 인해 엉망이 됐을 때, 두 번째는 파가니니의 음악을 감상했을 때, 세 번째가 뱃놀이하던 중 트러플을 가득 채운 칠면조 요리를 물에 빠트렸을 때라고 해요. 오죽하면 〈고기 수프〉, 〈아몬드〉, 〈먹는 즐거움을 위한 4중주〉와 같이 음식

관련된 음악을 작곡하기도 했죠. 좋아하는 일에 집중하며 삶을 제대로 즐겼던 로시니, 그의 재치 있고 유쾌한 음악을 만나봅시다.

엉망이 되어버린
첫 공연

로시니는 어릴 적부터 하프시코드와 노래를 배우면서 음악적 재능을 키워나갔어요. 15살의 나이에 저명한 볼로냐 음악원에 입학해 실력을 다졌죠. 로시니는 특히 사람들이 들으면 한 번에 각인될 만한 선율을 작곡하는 능력과 무대 연출 및 효과를 고안해내는 능력이 특출했어요. 오페라를 작곡하기에 걸맞는 재능을 갖춘 것이죠. 그는 자연스럽게 18세부터 오페라를 작곡하기 시작하여 약 13년 동안 총 32편의 오페라를 제작했습니다. 한 해에 여러 편의 오페라를 작곡할 정도로 작업 속도가 정말 빨랐어요.

그중 우리에게 가장 잘 알려진 오페라는 바로 〈세비야의 이발사〉입니다. 코믹한 스토리와 발랄한 음악 덕분에 현재까지도 전 세계적으로 사랑받고 있는 오페라죠. 로시니는 프랑스 희곡 작가인 피에르 보마르셰의 희극 《세비야의 이발사》를 접하고, 이 작품이 위대한 오페라로 탄생할 수 있을 것이란 확신을 가졌습니다. 그러나 이 희곡은 로시니 버전이 초연되기 수십 년도 전에 이미 작곡가 조반니 파이시

엘로에 의해 오페라로 만들어졌어요. 그럼에도 23살의 패기 넘치는 로시니는 자신만의 버전으로 약 한 달 만에 오페라를 만들어 초연했죠. 결과는 어땠을까요?

작품 자체는 훌륭했지만 초연은 엉망이었습니다. 원조 오페라를 만든 파이시엘로의 지지자들이 로시니의 공연에서 대놓고 야유를 보냈기 때문이죠. 그뿐 아니라 연주하던 기타 줄이 끊겨버리는가 하면, 고양이가 대뜸 무대로 올라와 훼방을 놓기도 했어요. 초연 때 하프시코드를 연주했던 로시니의 속은 타들어 갔을 겁니다. 그러나 시간이 지남에 따라 로시니의 〈세비야의 이발사〉는 굉장한 인기를 얻었어요. 당대 최고의 작곡가인 베토벤에게도 그 소문이 전해질 정도였으니 말이죠.

그가 전하고자 한
행복 에너지

〈세비야의 이발사〉는 발랄한 음악뿐만 아니라 줄거리도 재미있어서 가볍게 볼 수 있는 오페라입니다. 마치 한 편의 시트콤을 보는 듯한 느낌으로, 스페인의 귀족 알마비바 백작과 로지나의 사랑 이야기가 주된 내용입니다.

백작은 진짜 사랑을 쟁취하기 위해 재산과 신분을 숨긴 채 '린도르'라는 가명으로 로지나에게 사랑을 표현합니다. 그러나 사랑 이야기에는 방해꾼이 등장하기 마련! 그녀의 후견인인 바르톨로가 둘의 사랑이 아니꼽게 여겨, 부하 같은 존재이자 로지나의 음악 선생님 바질리오와 함께 둘의 사랑을 방해합니다. 그때 큐피트 같은 존재인 이발사 피가로가 등장해 둘의 사랑을 이어주고자 노력하죠. 드디어 사랑이 이어지려는 찰나, 바르톨로가 최후의 수단으로 백작의 정체를 로지나에게 폭로합니다. 로지나는 백작이 자신을 속였다는 것에 깊은 배신감을 느끼지만, 백작의 진심 어린 고백에 금방 마음이 사르르 녹고 말죠. 결국 백작은 로지나와 결혼에 성공하고, 바르톨로도 결혼을 인정하며 모두가 행복한 결말을 맞는답니다.

저는 특히 사랑을 쟁취하는 과정이 현실과 동떨어질 정도로 코믹하고 과장되게 표현되어 오히려 재미있게 느껴졌습니다. 이에 더해 재치 있는 노래와 배경음악은 즐거움을 배가해주죠. 비록 초연은 엉망이었을지라도 로시니가 전하고자 한 행복 에너지가 다시 성공을 거두게끔 이끌지 않았을까요.

마지막 오페라 이후, 제2의 인생이 시작되다

로시니는 36세에 그의 마지막 오페라인 〈윌리엄 텔〉을 작곡합니다.

게슬러의 모자에 경례하지 않아 체포되는
윌리엄 텔의 모습(한스 잔드로이터의 스위스 국립 박물관 모자이크)

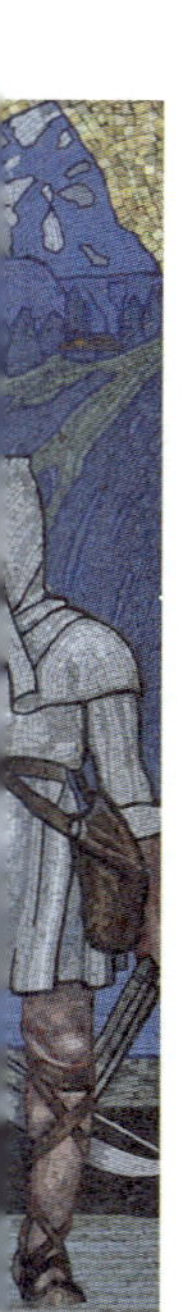

이 작품은 스위스의 자유와 저항 정신을 다루는 만큼 〈세비야의 이발사〉와 달리 긴장감 있게 전개됩니다.

그 무게감의 차이를 잘 보여주는 유명한 장면이 있습니다. 바로 주인공 윌리엄 텔이 그의 아들 머리 위에 사과를 올려놓고 활로 쏘는, 잔혹한 시험 장면입니다. 어쩌다가 윌리엄은 이런 상황에 처하게 된 것일까요?

이 이야기의 배경은 13~14세기, 오스트리아 합스부르크 제국의 지배를 받던 스위스입니다. 잘나가는 궁수 윌리엄 텔은 오스트리아에 저항하는 스위스의 애국자였죠. 어느 날 오스트리아의 집행관 게슬러가 광장에 창을 꽂고 자신의 모자를 걸어둡니다. 그러고는 지나가는 행인들에게 이에 절하도록 명령했죠. 애국지사 윌리엄 텔은 이를 완강히 거부합니다. 분노한 게슬러는 윌리엄 텔을 체포한 뒤 아들의 머리에 사과를 올리곤 활을 쏘라고 명령합니다.

드디어 활시위가 당겨졌습니다. 다행히 윌리엄 텔은 정확히 사과를 맞추는 데 성공합니다. 그러나 실패할 때를 대비해 게슬러를 쏘려고 준비한 또 하나의 화살이 발각되면서 다시 체포되고 말았죠. 그 후 배로 호송되던 윌리엄은 폭풍우를 만나자 재빨리 탈출해 게슬러의 가슴에 화살을 명중시킵니다. 그렇게 스위스인들이 승리와 해방의 기쁨을 축하하는 것으로 이야기는 마무리됩니다.

〈윌리엄 텔〉은 프랑스 파리의 극장에서 초연되었는데, 대성공을 거둡니다. 하지만 현재까지도 이 곡은 서곡 외에 전체 오페라가 자주 상영되지는 않습니다. 여러 이유가 있겠지만, 네 시간이 훌쩍 넘는 곡의 길이 때문이라는 설도 있고, 노래가 너무 어려워서 성악가를 찾기 어렵다는 설도 있죠.

이유를 불문하고, 로시니는 음악가로서 전성기에 다다른 시점부터 더 이상 오페라를 작곡하지 않습니다. 그 이유에 대해서는 여러 추측이 있어요. 마지막으로 작곡한 오페라 〈윌리엄 텔〉이 혹평을 받았기 때문이라는 이야기, 이미 많은 돈을 벌어 부자가 됐기 때문일 거라는 추측도 있었죠. 또 영국의 한 비평가는 '그가 너무나도 게을렀기에 아마 모은 돈으로 남은 삶을 향유하며 살기로 결정했을 것'이라고 말하기도 했습니다. 그가 미루고 미룬 곡을 의뢰자의 재촉에 못 이겨 식당에서 20분 만에 작곡해버렸다는 설이 있기도 했으니까요.

확실한 것은 〈윌리엄 텔〉 이후 나머지 39년 간 로시니는 맛있는 음식이 있는 곳이라면 어디든 찾아가는 미식가로서의 삶을 살았다는 것입니다. 심지어 직접 요리를 배워 요리책을 내기도 했으니 말이죠.

음식을 향한 열정을 음악에 집중했다면 어땠을까 하는 아쉬움도 들지만, 인생의 즐거움을 찾아 살아가는 삶이 부럽게 느껴지기도 합니다. 만약 로시니가 행복을 추구하는 삶을 살지 않았다면 그의 유쾌하고도 발랄한 음악을 만날 수 없었을지도 모르니 말입니다.

‥ **오페라 〈세비야의 이발사〉'방금 들린 그대 목소리'** 드라마 〈펜트하우스〉에 등장해 유명해진 곡입니다. 오페라의 여주인공 로지나가 린도르를 향한 사랑을 고백하는 아리아로, 엄청난 기교를 필요로 하는 난곡입니다.

‥ **〈고양이 이중창〉** 이 곡의 가사는 고양이가 내는 '미야옹' 소리로만 이루어져 있습니다. 특히 파리나무십자가 소년합창단의 두 친구가 부른 공연 버전을 보고 있노라면 자연스레 미소를 짓고 있는 자신을 발견할 수 있죠.

‥ **오페라 〈라 체네렌톨라〉'설움은 끝나고'** '체네렌톨라'란 동화 《신데렐라》의 이탈리아식 표기입니다. 즉, 신데렐라의 이야기가 로시니의 오페라로 재탄생된 것이죠. 신데렐라가 괴로웠던 과거를 뒤로하고 웨딩드레스를 입고 행복한 미래를 향해 힘차게 노래하는 아리아입니다.

참고 자료

참고 논문 ————

- 강현모(2011), 〈19세기 말 미국의 민족주의: 드보르작의 미국 체류와 맥도월의 「인디언 조곡」을 중심으로〉, 이화음악논집, 15(2), 95-115

- 고선미(2007), 〈성악 교수법의 시대적 변화 고찰〉, 이화음악논집, 11(2), 157~193

- 곽 건(2012), 〈J. Brahms의 〈F-A-E Scherzo〉와 〈Violin Sonata op. 108 중 Scherzo 악장〉의 비교 연구〉, 상명대학교 대학원 석사학위 논문

- 권태영(2022), 〈음악을 접목한 사회 교과 단원 실행 연구〉, 광주교육대학교 교육대학원 석사학위 논문

- 김기상(2013), 〈P.I.Tchaikovsky Symphony No. 6, Op. 74 B minor, 『Pathetique』 분석 연구〉, 부산대학교 대학원 석사학위 논문

- 김미애(2018), 〈독일 바로크 음악의 수사학에 관한 연구: 북스테후데(Dieterich Buxtehude)의 작품분석 중심으로〉, 경희대학교 대학원 박사학위 논문

- 김미연(2016), 〈D. Shostakovich 〈교향곡 5번〉에 반영된 사회주의 리얼리즘 연구〉, 충남대학교 교육대학원 석사학위 논문

- 김민주(2019), 〈구스타프 말러(Gustav Mahler)의 '소리세계' 연가곡《방황하는 젊은이의 노래》(Lieder eines fahrenden Gesellen)를 중심으로〉, 성신여자대학교 대학원 석사학위 논문

- 김신규(2004), 〈민주화 초기 단계 (1990~1996) 정당체계의 변화 -체코와 슬로바키아의 사례 연구-〉, 국제지역연구, 8(2), 212-239

- 김지운(2018), 〈집시음악에 대한 연구: 사라사테의 『치고이너바이젠』을 중심으로〉, 숙명여자대학교 대학원 석사학위 논문
- 김지은(2013), 〈비르투오소 백고산의 〈무반주 아리랑 변주곡〉] 바이올린의 거장 백고산 남쪽에 소개된 한 장의 음반〉, 민족 21, 148-151
- 김태정(2017), 〈쇼팽의 발라드에 나타나는 혁신적 구조〉, 한국음악학학회, 25(1), 103-152
- 김혜정(2016), 〈Program Annotation: A. Vivaldi Opera『La Griselda』中「Agitata da due venti」, F. J. Haydn Oratorio『Die Schöpfung』中「Nun beut die Flur」, A. Dvorák『Písne milostné, Op.83』, F. Poulenc『Métamorphoses, FP.121』, S. Barber『Hermit Songs, Op.29』, G. Rossini Opera『Il Signor Bruschino』中「Ah! voi condur volete」〉, 이화여자대학교 대학원 석사학위 논문
- 김효경(2018), 〈20세기 서양음악에 대한 진화론적 고찰 : 존 케이지 4분 33초를 중심으로〉, 성균관대학교 일반대학원 박사학위 논문
- 라상율(2021), 〈정치적 프레임을 배제한 쇼스타코비치의 예술사상에 대한 연구〉, 상명대학교 일반대학원 박사학위 논문
- 문미영(2021), 〈카르멘의 시각적 스토리텔링 연구. 한국프랑스학논집〉, 116(11), 29-51
- 문샤론(2008), 〈헨델의 오라토리오 「메시아」 분석 연구: 합창곡 〈할렐루야〉를 중심으로〉, 전남대학교 대학원 석사학위 논문
- 박서연(2014), 〈쇼팽의 발라드에 대한 연구〉, 동덕여자대학교 대학원, 박사학위 논문
- 박성미(2008), 〈H.M. Gorecki Symphony no.3의 구조미에 관한 고찰〉, 대구가톨릭대학교대학원 석사학위 논문
- 박은숭(2020), 〈리코더의 발달 과정과 교육적 활용 방안〉, 문화예술교육연구, 15(3), 171-201
- 박은아(2009), 〈베토벤의 교향곡 제9번 〈합창〉 4악장 감상지도 연구〉, 이화여자대학교

교육대학원 석사학위 논문

- 문미영(2021), 〈카르멘의 시각적 스토리텔링 연구, 한국프랑스학논집〉, 116(11), 29-51
- 문샤론(2008), 〈헨델의 오라토리오 「메시아」 분석 연구: 합창곡 〈할렐루야〉를 중심으로〉, 전남대학교 대학원 석사학위 논문
- 박서연(2014), 〈쇼팽의 발라드에 대한 연구〉, 동덕여자대학교 대학원 박사학위 논문
- 박성미(2008), 〈H.M. Gorecki Symphony no.3의 구조미에 관한 고찰〉, 대구가톨릭대학교 대학원 석사학위 논문
- 박은숭(2020), 〈리코더의 발달 과정과 교육적 활용 방안, 문화예술교육연구〉, 15(3), 171-201
- 박은아(2009), 〈베토벤의 교향곡 제9번 〈합창〉 4악장 감상지도 연구〉, 이화여자대학교 교육대학원 석사학위 논문
- 박지영(2022), 〈비제의 오페라 "카르멘" 연구 - 집시음악의 구현과 후대 프랑스 작곡가들에게 끼친 영향〉, 호서대학교 대학원 박사학위 논문
- 박해강(2021), 〈베토벤 「교향곡 3번」안에서의 오보에의 역할 - 2악장 중심으로〉, 경희대학교 대학원 석사학위 논문
- 백은영(2010), 〈예술가의 사상과 작품이 정치에 미치는 영향 - 바그너와 히틀러를 중심으로〉, 경북대학교 일반대학원 석사학위 논문
- 서유림(2009), 〈F.Chopin의 〈Polonaise Op.53〉 연구〉, 건국대학교 일반대학원, 석사학위 논문
- 서혜은(2022), 〈파가니니 카프리스에서 나타나는 바이올린 주법의 혁신에 관한 고찰: 파가니니의 동시대 바이올린 작품의 비교연구〉, 인제대학교 대학원 박사학위 논문
- 이미선(2023), 〈푸시킨과 튜체프의 시를 가사로 한 라흐마니노프의 예술가곡 연구〉, 연세대학교 대학원 박사학위 논문
- 이현경(2016), 〈Debussy 〈 Prelude a L'apres-midi d'un faune 〉에 나타난 인상주의 기

법 연구〉, 성신여자대학교 일반대학원 박사학위 논문

- 이혜진(2019), 〈헨델의 오페라 ≪리날도≫를 바라보는 18세기 영국의 두 가지 시선〉, 예술문화연구, 26(-), 17-28
- 임택훈(2023), 〈안토니오 비발디의 ≪글로리아≫와 존 러터의 ≪글로리아≫ 작품 분석〉, 백석대학교 기독교전문대학원 박사학위 논문
- 정금희, 조정란(2010), 〈통합예술교육을 위한 아동들의 음악 감상화 연구〉, 조형교육, 36, 297-320
- 정보윤(2007), 〈18세기를 배경으로 한 영화 「Farinelli」의 복식연구: 카스트라토 (Castrato)를 중심으로〉, 중앙대학교 예술대학원 석사학위 논문
- 정혜솔(2019), 〈엘가의 〈Cello Concerto in E minor, op.85〉에 관한 분석과 연주법 연구〉, 서울대학교 대학원 석사학위 논문
- 조영윤(2014), 〈쇼스타코비치 (D. Shostakovich, 1906-1975)의 후기 현악 4중주에 나타나는 작곡기법 연구〉, 동덕여자대학교 대학원 박사학위 논문
- 조이판(2022), 〈20세기 서양 피아노 협주곡과 중국 피아노 협주곡의 연관성 연구〉, 계명대학교 대학원 박사학위 논문
- 송지아(2020), 〈프란츠 리스트《순례연보 제2년: 이탈리아》에 나타난 표제의 음악적 관점에 관한 연구〉, 상명대학교 일반대학원 박사학위 논문
- 신동의(2006), 〈바그너의 오페라 미학〉, 중앙대학교 대학원 박사학위 논문
- 이우진(2020), 〈비제(G. BIZET)의 오페라 "카르멘(CARMEN)"에 나타난 이국주의에 대한 연구〉, 전북대학교 일반대학원 박사학위 논문
- 이주희(2016), 〈로시니의 〈세비야의 이발사〉 오페라 교육 프로그램 개발 및 효과 연구: 아츠 프로펠 (Arts PROPEL)을 적용한 초등 방과후수업〉, 동덕여자대학교 대학원, 박사학위 논문
- 이창녕(2014), 〈「Beethoven Symphony No.5 in c minor Op.67 의 분석연구: 지휘관점으

로 본 제I, III악장의 마디그룹 구조를 중심으로〉, 단국대학교 대학원 박사학위 논문

• 이한나(2019), 〈안토닌 드보르작의 현악사중주 제 12번 바장조, Op.96 '아메리카'에 관한 분석연구〉, 가천대학교 대학원 석사학위 논문

• 최혜경(2010), 〈'놀이'의 관점으로 본 바흐 『무반주 바이올린 파르티타』(BWV1004) 중 「샤콘느」〉, 한국교원대학교 대학원 석사학위 논문

• 함유진(2019), 〈음악극에 나타난 집시음악 연구 : 스페인, 헝가리, 러시아 음악극을 중심으로〉, 수원대학교 대학원 박사학위 논문

• 허찬용(2006), 〈G. F. Handel의 「Messiah」 연구: 성서 내용의 음악적 표현법을 중심으로〉, 한세대학교 대학원 박사학위 논문.

• Asher, D.(1966), 〈The Beethoven Violin Concerto Opus 61 History and Analysis〉, American String Teacher, 16(4), 24-26

• Chang, W.(2019), 〈The Chaconne for Solo Violin by J. S. Bach: A Performance Guide. Doctoral Dissertation]〉, University of Kansas

• Colmeiro, J. F.(2002), 〈Exorcising exoticism: "Carmen" and the construction of Oriental Spain〉, Comparative literature, 54(2), 127-144

• Forqurean, F. J.(2014), 〈Claude Debussy: Harmonic Innovations in Historical and Musical Context〉

• Garcia, E. E.(2004), 〈Rachmaninoff's emotional collapse and recovery: The First Symphony and its aftermath〉, The Psychoanalytic Review, 91(2), 221-238

• Kertesz, E., & Christoforidis, M.(2008), 〈Confronting Carmen beyond the Pyrenees: Bizet's opera in Madrid, 1887-1888〉, Cambridge Opera Journal, 20(1), 79-110

• Ko, C. S. (2000), 〈Cellists and the Dvorak Cello Concerto: The labyrinth of interpretation〉, University of Washington, Doctoral Dissertation

• Lyle, W. (1927), 〈The "Nationalism" of Sibelius. The Musical Quarterly〉, 13(4), 617-629

• Tierradentro-Garcia, L. O., Botero-Meneses, J. S., Talero-Gutierrez, C.(2018), 〈The Sound of Jacqueline du Pre: Revisiting her Medical and Musical History〉, Multiple Sclerosis Journal-Experimental, Translational and Clinical. 4(2). 1-8

• Vieillard, S., Peretz, I., Gosselin, N., Khalfa, S., Gagnon, L., Bouchard, B.(2008), 〈Happy, sad, scary and peaceful musical excerpts for research on emotions〉, Cognition and Emotion, 22(4), 720-752

• Walsh, S. (1973). 〈Sergei Rachmaninoff 1873-1943〉, Tempo, (105), 12-21

참고 도서 ─────

• 금난새 저, 《금난새의 클래식 여행》, 아트북스, 2017

• 노먼 레브레히트 저, 《왜 말러인가?》, 모요사, 2010

• 매튜 라이, 스티븐 이설리스 공저, 《죽기 전에 꼭 들어야 할 클래식 1001》, 마로니에북스, 2005

• 조현영 저, 《클래식은 처음이라, 카시오페아》, 2021

• 허영한 저, 《마법의 성 오페라 이야기 1》, 심설당, 2002

• 홍정수 저, 《두길 서양음악사 2》, 나남출판사, 2016

• Burrows, D 저, 《Handel(2nd ed.)》, Oxford University Press, 2012

• Ewen, D.저, 《The world of great composers》, Prentice-Hall, 1962

• Hickey, M. 저, 《Music outside the lines》, Oxford University Press, 2012

• Jensen, E. F. 저, 《Debussy》, Oxford University Press, 2014

• Kendall, A 저, 《Paganini》, Wadard Books PBFA, 1982

• Kevin McDermot 저, 《Communist Czechoslovakia, 1945-89》, Bloomsbury Publishing,

2015

- Lesure, F. & Rolf, M 저, 《Claude Debussy》, Cambridge University Press, 2019

참고 사이트 ────────────

- 국립오페라단 네이버 블로그
- 뉴스버스 김용만의 클래식 프레너미 시리즈
- 네이버캐스트 클래식입문 ABC
- 네이버캐스트 클래식 명곡 명연주
- 프레스 아리랑
- Augustana College Augustana Digital Commons
- baroque.boston
- ceciliabartoli.com
- classical-music.com
- clintonsymphony.org
- deutschegrammophon.com
- doi.org
- elgar.org
- en.tchaikovsky-research.net
- encyclopedia.ushmm.org
- good-music-guide.com
- indianapolissymphony.org
- interlude.hk

- laphil.com
- mahlerfoundation.org
- Musical Times
- nmphil.org
- pianistmagazine.com
- russellsteinberg.com
- tandfonline.com
- wrti.org
- YTN

※ 저작권자를 찾으려고 했으나 미처 저작권 허가를 받지 못한 일부 내용에 대해서는 추후 저작권이 확인되는 대로 절차에 따라 저작권료를 지불하겠습니다.

아는 만큼 들리는 나의 첫 클래식 수업

클래식 왜 안 좋아하세요?

초판 1쇄 발행 2025년 5월 14일
초판 12쇄 발행 2025년 12월 12일

지은이 권태영(탱로그)
펴낸이 이경희

펴낸곳 빅피시
출판등록 2021년 4월 6일 제2021-000115호
주소 서울시 마포구 월드컵북로 402, KGIT 19층 1906호

ⓒ 권태영, 2025
ISBN 979-11-94033-77-6 03670